Alexander Langosch

Persönlichkeitssteine

Der Autor
Dr. Alexander Langosch, geboren 1967, studierte Mineralogie in Köln und promovierte im Jahr 1999. Neben dem ausgeprägten Augenmerk auf geowissenschaftliche Aspekte von Edelsteinen, beschäftigt er sich auch mit ihrer Verwendung zur Selbsterkenntnis und im Bereich der Persönlichkeitsarbeit.

Hinweis
Beachten Sie bitte, dass eine heilende Wirkung von Edelsteinen und damit auch von Persönlichkeitssteinen medizinisch nicht nachgewiesen ist. Die Anwendung solcher Steine ersetzt keine ärztliche oder therapeutische Beratung.

Umschlagsfoto: Ozeanachat

Alexander Langosch

Persönlichkeitssteine

Anthropomorphe Gemmologie

und

Edelsteinberatung

Bibliografische Information der Deutschen Nationalbibliothek:
Die Deutsche Nationalbibliothek verzeichnet diese Publikation in der
Deutschen Nationalbibliografie; detaillierte bibliografische Daten sind
im Internet über dnb.d-nb.de abrufbar.

TWENTYSIX – der Self-Publishing-Verlag
Eine Kooperation zwischen der Verlagsgruppe Random House
und BoD - Books on Demand

© 2017 Alexander Langosch

Herstellung und Verlag:
BoD – Books on Demand, Norderstedt

ISBN: 978-3-7407-3219-6

INHALT

Grundlagen ... 7
Was sind Edelsteine? ... 8
Warum braucht man Persönlichkeitssteine? ... 10
Anthropomorphismus ... 12
Symmetrie in Kristallen ... 22
Entstehung von Edelsteinen ... 25

Persönlichkeitsmerkmale und Steineigenschaften ... 31
Farbpsychologie ... 32
Farbgruppen ... 38
Härte ... 45
Stadt oder Land ... 47
Spezialisierung ... 49
Lebenszentrum ... 54
Introversion und Extraversion ... 58
Konstanz und Variabilität ... 61
Innere und äußere Persönlichkeit ... 67
Ehrgeiz ... 71
Zielstrebigkeit und Abwägung ... 75
Organisationstyp ... 80
Standhaftigkeit und Spontanität ... 84

Robustheit und Sensibilität 87
Vielseitigkeit 90
Durchsetzungsvermögen 92
Unkonventionalität 94
Geschwister 97
Anpassungsfähigkeit 100
Unbeschwertheit 102
Offenheit 104
Interessen 107
Länder und Regionen 114

Aspekte der Edelsteinberatung 119

Auswahlprinzipien 120
Schmuckpräferenzen 125
Beispielanalyse 130
Genetische Typen 134
Nutzen Sie Ihre Persönlichkeitssteine 137
Natürliche und künstliche Steine 140
Schlussbemerkungen 146

Anhang 147

Grundlagen

Was sind Edelsteine?

In der Gemmologie, der Wissenschaft von Edelsteinen, wird ein Stein nur dann als Edelstein bezeichnet, wenn er eine Reihe von Kriterien erfüllt. Der Stein muss mineralisch sein und besondere Eigenschaften aufweisen, wie hohe Härte und überdurchschnittliche Beständigkeit. Er muss zudem selten und kostbar sein, sowie eine hohe Ästhetik besitzen. Sind diese Kriterien nicht alle erfüllt, spricht man eher von Schmucksteinen, wobei die Grenze selbstverständlich fließend ist.

Im allgemeinen Sprachgebrauch hat es sich jedoch eingebürgert, alle Steine als Edelsteine zu bezeichnen, die als Schmuck getragen werden, spirituelle bzw. zeremonielle Verwendung finden oder denen heilende bzw. alternativ-energetische Eigenschaften zugeschrieben werden. Diese erweiterte Definition wird auch im vorliegenden Buch benutzt. Wenn hier von Edelsteinen gesprochen wird, kann es sich um ein Mineral (oder eine seiner Varietäten), ein Gestein oder ein Fossil handeln. Die Bezeichnung ist unabhängig vom Wert oder der Häufigkeit des Steins in der Natur.

Zur Erleichterung des Verständnisses, nachfolgend die Definitionen der für dieses Buch relevanten Begriffe:

Mineral: Eine natürlich vorkommende, feste, anorganische Substanz mit definierter chemischer Zusammensetzung und Kristallstruktur. Das äußere Aussehen (Farbe, Kristallform und -größe) desselben Minerals kann je nach Fundort sehr unterschiedlich sein.

Varietät: Unterart eines Minerals, die sich durch ein bestimmtes Merkmal (Farbe, Maserung, Wachstumsform oder Herkunft) charakterisiert und einen eigenen Namen hat. Die meisten Varietäten beziehen sich auf die Farbe. Beispielsweise ist Citrin die gelbe Varietät des Minerals Quarz.

Mineralgruppe: Zusammenfassung von Mineralen, die eine gleichartige Kristallstruktur haben, sich jedoch in der chemischen Zusammensetzung unterscheiden.

Fossil: Versteinerung von Tieren oder Pflanzen aus früheren geologischen Epochen.

Gestein: Natürliches Gemenge von Mineralen, Bruchstücken anderer Gesteine und/oder Organismenresten. Man unterscheidet drei Kategorien:
- Magmatite (aus einer natürlichen Schmelze erstarrt);
- Sedimente (durch Verwitterungs-, Erosions- und Ablagerungsprozesse entstanden);
- Metamorphite (im Zuge geologischer Prozesse im festen Zustand umgewandelte Gesteine).

Es gibt sehr viele Minerale, die in verschiedenen Farben vorkommen können. Im Normalfall werden deswegen keine Varietätsnamen vergeben. Das ist im Bereich der Edelsteine anders: recht viele von ihnen entsprechen Varietäten, d. h. sie werden aufgrund einer bestimmten Farbe unter einem eigenen Namen geführt. Dies liegt zum einen daran, dass einige Steine seit Jahrtausenden als Schmuck verwendet werden und es damals noch nicht bekannt war, dass sie abgesehen von der Farbe einem anderen Mineral entsprechen. Zum anderen vergeben Menschen gerne spezielle Bezeichnungen für Dinge, die ihnen wichtig sind. Ein eigener Name unterstreicht die Attraktivität eines Edelsteins. Eine Übersicht der Varietäten, sowie die Zuordnung zu Mineralen und Mineralgruppen finden Sie in Anhang 1.

Warum braucht man Persönlichkeitssteine?

Durch preiswerte Produktion synthetischer Edelsteine wird Schmuck zunehmend zur seelenlosen Massenware und endet nicht selten als Wegwerfartikel. Im Zuge der Globalisierung kommen auch natürliche Steine in großer Vielfalt auf den hiesigen Markt. Durch den Online-Handel erhält der Endverbraucher leichten Zugang zu internationalen Anbietern seltener und bislang nur regional bekannter Edelsteine. Zudem werden stetig neue Steine oder bestimmte Unterarten für eine Verwendung als Schmuck oder Heilstein präsentiert und manchmal unter einem eigens kreierten Namen geführt. Dies alles führt zu einer unüberschaubaren Menge an Edelsteinen. Der uneingeweihte Konsument verliert in dem riesigen Angebot schnell den Überblick und trifft seine Kaufentscheidung wenig reflektierend lediglich nach Aussehen und Preis. Mit Hilfe dieses Buches bekommen Sie Gelegenheit, mit dem Thema ab sofort anders umzugehen.

Finden Sie heraus, welche Steine aufgrund der inneren Werte zu Ihnen passen. Ermitteln Sie Ihre Persönlichkeitssteine, mit denen Sie sich identifizieren können, die Ihrer Lebensausrichtung und Ihren Wesensmerkmalen entsprechen und die das repräsentieren, was Ihnen wichtig und von Bedeutung ist. So werden Sie zu „Ihrem" Stein eine Verbindung aufbauen, ihn gerne tragen und viele Jahre Freude an ihm haben. Und vermutlich werden Sie diesen Stein nicht achtlos wegwerfen. In den meisten Fällen wird er vor vielen Millionen Jahren entstanden sein, hat in der Erdkruste überdauert, um schließlich geborgen zu werden und Ihren Lebensweg zu begleiten. Als Teil der Natur verdient er einen respektvollen Umgang.

Die **anthropomorphe Gemmologie** ermittelt objektive Merkmale eines Menschen in Bezug auf Persönlichkeit, Charakter, Lebensweise und Interessen und sucht dazu Analogien in der Steinwelt. Dieses Buch zeigt Ihnen, welche Edelsteine am besten zu Ihnen passen und Ihre Emotionen ansprechen. Es sind die Steine, die aufgrund ihrer Eigenschaften, Kristallstruktur, optischen Effekte, geologischen Vorkommen und der Assoziationen, die sich aus dem Steinnamen ergeben, am besten Ihre Person und Ihr Leben verkörpern.

Viele Menschen befassen sich erst dann mit Edelsteinen, und speziell mit Heilsteinen, wenn sie gesundheitlichen Problemen begegnen oder vorbeugen wollen und dafür alternative Ansätze suchen. Doch Edelsteine sind für das ganze Leben geeignet und können jedem Türen zu mehr Lebensfreude und Wohlbefinden öffnen. Persönlichkeitssteine entsprechen Ihren Charakterzügen und Ihrer Lebensweise. Dabei werden die Merkmale bewusst positiv formuliert. Schließlich soll der Stein Ihre guten Seiten betonen, damit Sie sich in Ihren positiven Wesenszügen bestärkt fühlen und mit Ihrer eigenen Person zufrieden sind. Letztendlich ist Zufriedenheit mit sich und dem eigenen Leben eine gute Voraussetzung, um gesund zu bleiben.

Die anthropomorphe Edelsteinberatung ist gleichermaßen für Frauen und Männer geeignet. Nun ist es in unserem Kulturkreis üblich, dass hauptsächlich Frauen Schmuck tragen. Eine Alternative für Männer ist das verdeckte Tragen des Edelsteins, sei es an langer Halskette unter der Kleidung, als Schlüsselanhänger oder als Handschmeichler in der Hosentasche. Schließlich ist der Edelstein in erster Linie für Sie selbst da, damit Sie an ihm Freude haben und sich seine anthropomorphen Eigenschaften vergegenwärtigen können. Eine weitere Möglichkeit besteht darin, den Stein in der Wohnung zu platzieren, wo Sie ihn besonders oft ansehen können, z. B. auf dem Nachttisch, Schreibtisch oder in einer Vitrine.

Aufgrund der analogen Eigenschaften erkennen Sie sich selbst in Ihren Persönlichkeitssteinen, Ihre Stärken und Wesensmerkmale rücken zunehmend in Ihr Bewusstsein. Daraus können Sie Selbstwertgefühl und positive Energie schöpfen. Ihre individuellen Edelsteine sind zudem wertvolle Meditationsbegleiter und leisten bei Achtsamkeitsübungen gute Hilfe. Ferner können Sie Edelsteine, die nach den anthropomorphen Prinzipien ausgewählt werden, zur Unterstützung Ihrer Persönlichkeitsentwicklung einsetzen.

Anthropomorphismus

Unter dem Begriff „Anthropomorphismus" versteht man die Übertragung menschlicher Eigenschaften auf Wesen, Naturphänomene und Gegenstände. Diese Vermenschlichung ist eine seit Jahrtausenden geübte Praktik, um sich Geister, Gottheiten, Engel, Gespenster oder Dämonen vorzustellen, sowie den Lauf der Natur und das Auftreten von Naturgewalten zu verstehen. Die in diesem Buch vorgestellte anthropomorphe Gemmologie beruht im Wesentlichen auf Charakteranalogien zwischen Menschen und Edelsteinen. Lernen Sie die vielfältigen Eigenschaften von Steinen und Kristallen kennen und erfahren die zahlreichen Parallelen zu Ihrem Wesen.

Ein einfacher Gesichtspunkt liegt in der Tatsache, dass sich menschliche Charakterzüge und Steineigenschaften mit denselben Adjektiven beschreiben lassen. So gibt es harte, weiche, zähe, empfindliche, flexible, dominante, robuste, spezialisierte Menschen und Steine. Außerhalb der reinen sprachlichen Nähe, gibt es in der Welt der Steine Phänomene, die an menschliche Verhaltensweisen und die Dynamik kultureller Gesellschaften erinnern. In diesem vertiefenden Kapitel werden die wissenschaftlichen Erkenntnisse vorgestellt, die einen anthropomorphen Charakter der Steine erkennen lassen. Mit Hilfe einiger Experimente und spezieller Betrachtungen wird der Sachverhalt verdeutlicht. Für das Verständnis des restlichen Buches und die Durchführung der Edelsteinberatung ist die Lektüre des vorliegenden Kapitels nicht notwendig. Sie können es auf Wunsch überspringen.

Kristallzüchtung

Im Labor kann man Kristalle aus einer übersättigten Lösung wachsen lassen, was im Fachjargon als Züchtung bezeichnet wird. Dazu taucht man einen kleinen Kristallkeim an einem Faden hängend in die Lösung ein und kann nach ein paar Tagen oder Wochen einen großen Kristall entnehmen. Für dieses Experiment gibt es zwei Varianten. Beim ersten Mal wird der Keim in eine schwach übersättigte Lösung gebracht. Folglich wächst der Kristall langsam, er bekommt aber eine schöne Form und wird durchsichtig, was bedeutet, dass er frei von Einschlüssen und Verunreinigungen ist. Beim langsamen Wachstum haben die Bausteine (in unserem Fall gelöste Ionen) genügend Zeit sich an der perfekten Position des Kristalls anzulagern, so dass eine entsprechend gute Kristallstruktur aufgebaut wird. Der zweite Keim wird in eine stark übersättigte Lösung getaucht. Er wächst viel schneller, ist jedoch von schlechterer Qualität. Dies offenbart sich zum einen an der Trübung, welche durch winzige Einschlüsse verursacht wird, zum anderen an den unebenen Kristallflächen und der etwas verzerrten Form. Dies sind Auswirkungen eines zu schnellen Wachstums, der Kristall hat zu wenig Zeit, um sich gut auszubilden. Das Ergebnis des Wachstumsexperiments wird in Abb. 1 gezeigt.

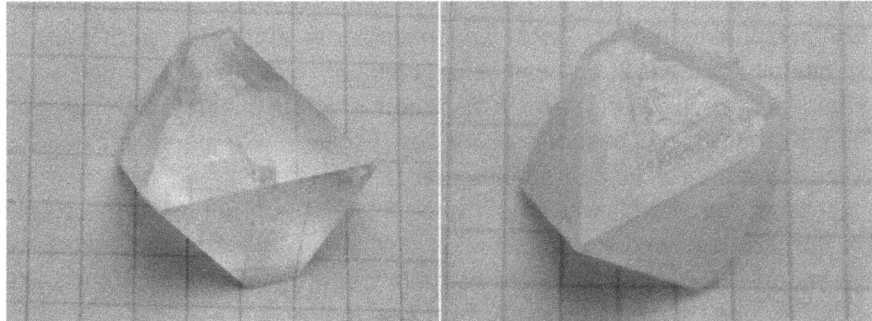

Abb. 1: *Kristallzüchtung. Links ein langsam gewachsener Kristall. Rechts ein schnell gewachsener Kristall, der dadurch undurchsichtig ist und Vertiefungen an der oberen Fläche hat.*

In einem weiteren Züchtungsexperiment werden zwei Keime gleichzeitig in dieselbe übersättigte Lösung getaucht. Die Keime sind gleich groß, haben dieselbe Form und Zusammensetzung. Der einzige Unterschied besteht darin, dass ein Keim ein sehr gut ausgebildetes Kristallgitter hat, während der andere Keim viele Gitterdefekte (Versetzungen, Fehlstellen usw.) enthält. Was passiert bei diesem Experiment? Es zeigt sich, dass der defektreiche Keim schneller wächst. Er hat an seiner Oberfläche, bedingt durch die Gitterdefekte, viele Unebenheiten, Ecken, Lücken und Kanten, die es den Ionen aus der Lösung leichter machen, sich an dem Keim anzulagern.

Reinheit und eine schöne Geometrie erfordern genügend Zeit. In der Welt der Kristalle und im menschlichen Leben gilt dasselbe Motto: „Gut Ding braucht Weile". Dennoch kann sich das Schlechte, Fehlerhafte und Irrtümliche schneller ausbreiten, zumindest kurzfristig betrachtet. Inwiefern das Fehlerhafte langfristig Bestand hat, wird im folgenden Kapitel erörtert.

Stabilität von Kristallen

Betrachten wir nun die Stabilität von Kristallen. Wenn ein Gestein höherer Temperatur ausgesetzt ist, kommt es irgendwann zur **Aufschmelzung**. Dies geschieht jedoch nicht schlagartig, sondern über einen gewissen Temperaturbereich, da die Minerale des Gesteins unterschiedliche Schmelzpunkte haben. Doch wo entsteht die erste Schmelze? Es ist keinesfalls so, dass zuerst das Mineral mit dem niedrigsten Schmelzpunkt komplett schmilzt. Wie in Abb. 2 zu sehen, entsteht die erste Schmelze an den Korngrenzen, besonders an den Stellen, wo drei verschiedene Minerale mit ihren Ecken aufeinandertreffen. Im Nahbereich der Grenzfläche, an der ein Mineral in ein anderes übergeht, ist das Kristallgitter gestört, zudem wird durch Diffusion der Atome die Zusammensetzung verändert. Unreinheit und Verzerrung des Kristalls verringern seine Stabilität und begünstigen die Aufschmelzung.

Ein anderes Phänomen, das die Destabilisierung von Kristallen durch Verzerrung verdeutlicht, ist die **Drucklösung**. Ein Sandstein besteht aus gerundeten Quarzkörnern, somit gibt es viel Porenraum, in dem Wasser zirkulieren kann. Gelangt ein Sandstein in Regionen der Erdkruste mit höherer Temperatur und höherem Druck, steigt die Löslichkeit des Quarzes. Jedoch werden die Quarzkörner nicht gleichmäßig gelöst, sondern beginnend an den Kontaktpunkten (siehe Abb. 3). Dort sind die Kristalle durch den Druck deformiert, was ihre Stabilität verringert. Die gelöste Substanz lagert sich in den Poren als undeformierter Kristall wieder ab. So kann unter sonst gleichen Bedingungen Auflösung und Wachstum gleichzeitig stattfinden. Die schlechten, d. h. deformierten Kristallteile werden abgebaut und durch intakte ersetzt.

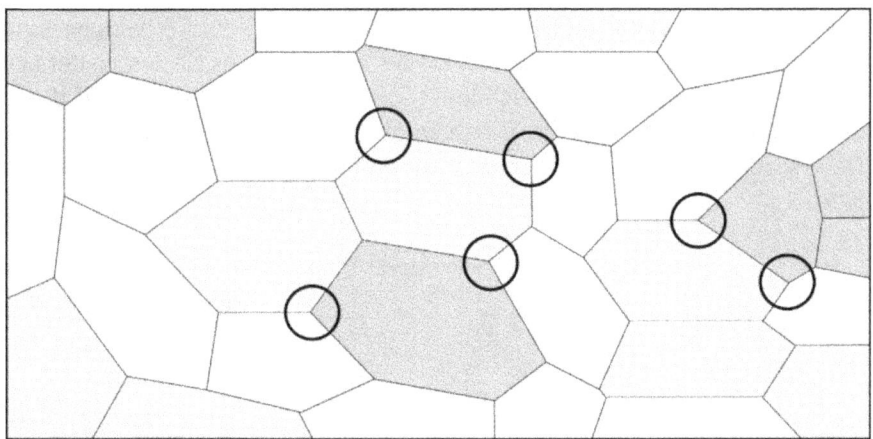

Abb. 2: *Beginnende Aufschmelzung. Schematischer Querschnitt eines Gesteins bestehend aus 3 Mineralen. Kreise markieren die erste Schmelze an den Kontaktpunkten von 3 verschiedenen Mineralen.*

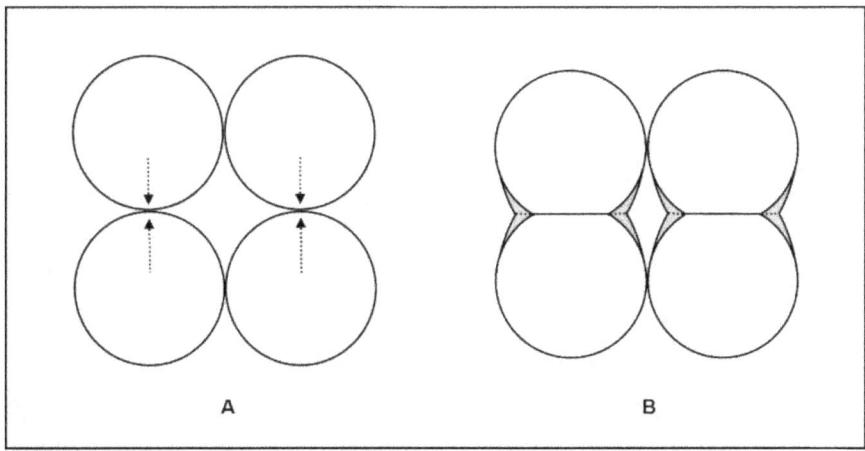

Abb. 3: *Drucklösung. **A)** Runde Quarzkörner in einem Sandstein. Durch vertikalen Druck werden die Körner an den Kontaktstellen (gestrichelte Pfeile) am stärksten deformiert. **B)** Die an den Kontaktstellen gelöste Substanz lagert sich in den Poren als undeformierter Kristall (grau schattiert) an die Quarzkörner an.*

Ein weiteres Beispiel zum Abbau deformierter Kristalle bietet ein Prozess, der als **Rekristallisation** bezeichnet wird. Während der Metamorphose, einer Umwandlung durch veränderte Druck- und Temperaturbedingungen, kommt es häufig vor, dass Gesteine gefaltet und/oder geschiefert werden. Dabei wirken auf Kristalle erhebliche Scherkräfte, welche eine Deformation verursachen (Abb. 4). Ist die Verzerrung des Kristallgitters zu stark, kommt es zur Rekristallisation; dabei wird der gestörte Kristall durch neue undeformierte ersetzt. Diese beginnen an den Stellen maximaler Deformation zu wachsen und verdrängen nach und nach den verzerrten Kristall.

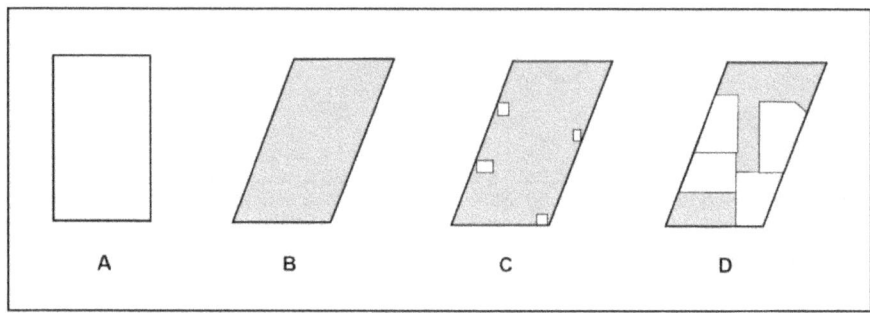

Abb. 4: Rekristallisation. Deformierte Kristallteile sind grau dargestellt. **A)** Nicht deformierter Ausgangskristall. **B)** Durch seitliche Scherkräfte deformierter Kristall. **C)** Es bilden sich kleine undeformierte Domänen. **D)** Deformierter Kristall wird allmählich durch ein Aggregat undeformierter Kristalle ersetzt.

Aus den bisher erwähnten Experimenten und Effekten bleibt festzuhalten, dass schlechte Kristalle schneller wachsen bzw. die langsamer wachsenden besser werden. Auf der anderen Seite sind schlechte Kristalle leichter löslich, schmelzen früher und werden durch bessere ersetzt. Defekte, Unreinheiten, Verzerrungen verringern die Stabilität von Kristallen und führen zur schnellen Auflösung oder Verdrängung. Es ist eben wie bei Menschen, das Schlechte und Fehlerhafte entsteht schnell, ist aber auch vergänglich. Das Gute im Menschen dagegen braucht länger um zu gedeihen, wenn es aber erst einmal etabliert wurde, ist es umso beständiger.

Kristalline versus amorphe Materie

Eine weitere Ausprägung des anthropomorphen Charakters ergibt sich aus der Gegenüberstellung von kristalliner und amorpher Substanz. Die meisten auf der Erde vorkommenden Minerale besitzen ein Kristallgitter.

In ihm sind die Atome gesetzmäßig und mehr oder weniger symmetrisch angeordnet. Amorphe Materie besitzt dagegen kein Kristallgitter, die Bausteine sind ungeordnet, ihre Verteilung wirkt zufällig.

Betrachten wir als Beispiel die Löslichkeit von Siliciumoxid (SiO_2) in Wasser. Quarz ist die kristalline Form des Siliciumoxids und löst sich zu 6 ppm (das entspricht 6 mg pro Liter) bei Zimmertemperatur. Liegt das Siliciumoxid in amorpher Form vor, wie es in der Natur beim Opal verwirklicht ist, so liegt die Löslichkeit bei etwa 60 ppm. Obwohl die gelösten Ionen in beiden Fällen die gleichen sind, ist die Löslichkeit der amorphen Substanz ungefähr zehnfach höher.

In geologisch langen Zeiträumen bleiben amorphe Substanzen nicht erhalten und werden von kristallinen ersetzt. Die Verdrängung geschieht sehr langsam, da die Umwandlung Energie erfordert, die bei den Temperaturen der Erdoberfläche kaum zur Verfügung steht. Daher können amorphe Minerale Millionen von Jahren existieren. Dennoch findet eine allmähliche Umwandlung statt. Früher oder später wird die amorphe Substanz von mikrokristallinen Aggregaten verdrängt. Im Falle des Opals entstehen verschiedene SiO_2-Minerale wie beispielsweise Tridymit, Cristobalit oder Chalcedon (feinfaserige Quarzvarietät).

Der Mensch, welcher wie der Quarzkristall bereits geformt ist, seine Ecken und Kanten hat, seinen Platz in der Gesellschaft und Natur eingenommen hat, ist beständig. Er lässt sich von außen schlecht beeinflussen oder verändern. Seine Ansichten sind fest, seine Meinung ist nicht leicht zu manipulieren. Derjenige hingegen, dessen Charakter noch nicht geformt wurde, der seinen Platz noch sucht, der seine Ansichten und Standpunkte noch nicht voll ausgeprägt hat, ist wie der amorphe Opal wesentlich angreifbarer. Er kann durch äußere Einflüsse in einem höheren Ausmaß geformt, verändert und beeinflusst werden.

Sammelkristallisation und die Macht des Größeren

Das anthropomorphe Verhalten ist bei der Sammelkristallisation besonders augenfällig. Dabei geht es um die Rolle der Korngröße beim

Kristallwachstum. Ein Kalkstein besteht aus vielen winzigen Calcit-Kriställchen. Gerät das Gestein durch tektonische Prozesse (Bewegungen innerhalb der Erdkruste, z. B. bei einer Gebirgsbildung) in tiefere Regionen der Erdkruste, wird es dort entsprechend höherer Temperatur und höherem Druck ausgesetzt sein. Besonders der Anstieg der Temperatur regt das Kristallwachstum an. Als Produkt des Umwandlungsprozesses (Metamorphose) des Kalksteins entsteht Marmor, der oft zuckerförmig aussieht und aus wesentlich gröberen Kristallen besteht. Das Volumen hat sich nicht wesentlich verändert, so dass die Anzahl der Kristalle gegenüber dem Kalkstein erheblich geringer ist. Während der Metamorphose sind einige Kristalle stark gewachsen, die meisten anderen sind verschwunden, aber wohin?

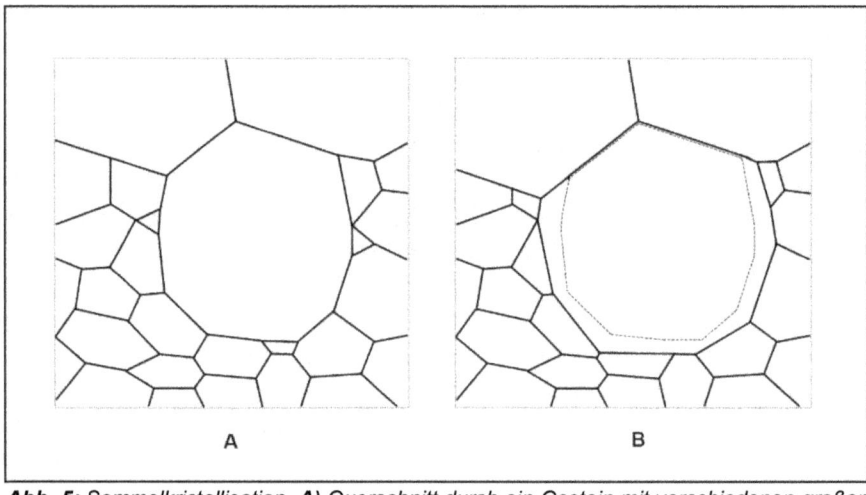

Abb. 5: *Sammelkristallisation.* **A)** *Querschnitt durch ein Gestein mit verschiedenen großen Kristallen. Ausgangszustand.* **B)** *Die Korngrenzen zwischen den großen Kristallen und dem 120°-Winkel (im oberen Bereich) sind recht stabil. Der zentrale Kristall wächst auf Kosten der umliegenden kleineren. Die grau gestrichelte Linie markiert die Kristallgröße aus Teil A.*

Das System strebt nach Minimierung freier **Grenzflächenenergie**. Ein großer Kristall hat im Vergleich zu seinem Volumen weniger Oberfläche, ist demnach energetisch günstiger. Unter Laborbedingungen lässt sich der Wachstumsprozess gut beobachten. Es zeigt sich, dass Kristalle die am Anfang größer sind oder im Laufe der Metamorphose zufällig eine überdurchschnittliche Größe erlangen, dann auf Kosten der umliegenden kleineren weiterwachsen. Dieser als Sammelkristallisation (groß frisst klein) bekannte Prozess ist in Abb. 5 visualisiert. Irgendwann werden die kleinen Kristalle komplett den größeren einverleibt und es entsteht ein Gestein mit wenigen großen Kristallen.

Dies erinnert an Prozesse in der Tierwelt, in der sich die großen und starken im Kampf um Nahrung, Territorium und Vorherrschaft oder Führung in der Herde durchsetzen. Ähnliches gilt auch für menschliche Gesellschaften, in früheren Jahrhunderten vielleicht mehr als heute. Doch auch in modernen Zeiten lassen sich zahlreiche Ähnlichkeiten erkennen, wobei sich der Kampf vom nackten Überleben mehr und mehr auf andere Bereiche wie etwa das Berufsleben und die Wirtschaft verlagert hat. Wer im Job als erster kleine Vorteile erlangen kann, also gegenüber den Konkurrenten etwas mehr Einfluss oder Ansehen, ein größeres Netzwerk oder wichtigere Kontakte hat, kann umso leichter seine Mitbewerber hinter sich lassen und auf der Karriereleiter emporklettern. Im wirtschaftlichen Wettbewerb können sich große Unternehmen besser am Markt durchsetzen und verdrängen die kleineren oder kaufen sie auf. Größere Produktion zu besseren Stückpreisen, mehr Effizienz und Synergieeffekte sind Ausprägungen eines günstigen Aufwand-Nutzen-Verhältnisses. Das ist der Vorteil einer großen Firma, so wie der große Kristall energetisch bevorzugt wird.

Keimbildung

Zum Schluss noch eine Betrachtung zur Keimbildung, der Frühphase der Kristallentstehung. In einem kristallfreien Medium, einer Lösung oder Schmelze, muss die Kristallisation erst irgendwie beginnen. Am Anfang entstehen winzige Kristallkeime, die dann weiterwachsen. Nun gibt es in der Natur in Ausnahmefällen auch amorphe Minerale und Gesteine, die nicht kristallin sind. In ihnen sind die Bausteine zufällig verteilt, dort haben sich keine Kristallkeime gebildet oder sind nicht erhalten geblieben. Keime entstehen nicht in allen Fällen automatisch, ihre Bildung ist in gewisser Weise gehemmt, da sie zunächst Energie erfordert. Erst ab einer bestimmten Größe ist ein Kristallkeim stabil und setzt beim Wachstum Energie frei. Diese Größe ist erreicht, wenn die Summe aus freiwerdender

Kristallisationsenergie und verbrauchter Keimbildungsenergie größer Null wird, was in Abb. 6 verdeutlicht ist.

In einer Lösung, in der die physikalischen Bedingungen zur Kristallisation gegeben sind, entstehen zahlreiche submikroskopische Kristallkeime, die aber so winzig sind, dass sie sich schnell wieder auflösen. Nur unter günstigen Umständen wird ein Keim so groß, dass er erhalten bleibt und weiter anwächst. In der festen Materie sind die vorhandenen Kristalle manchmal nur ein kleiner Bruchteil all der Keime, die während der Kristallisation kurzfristig existiert haben.

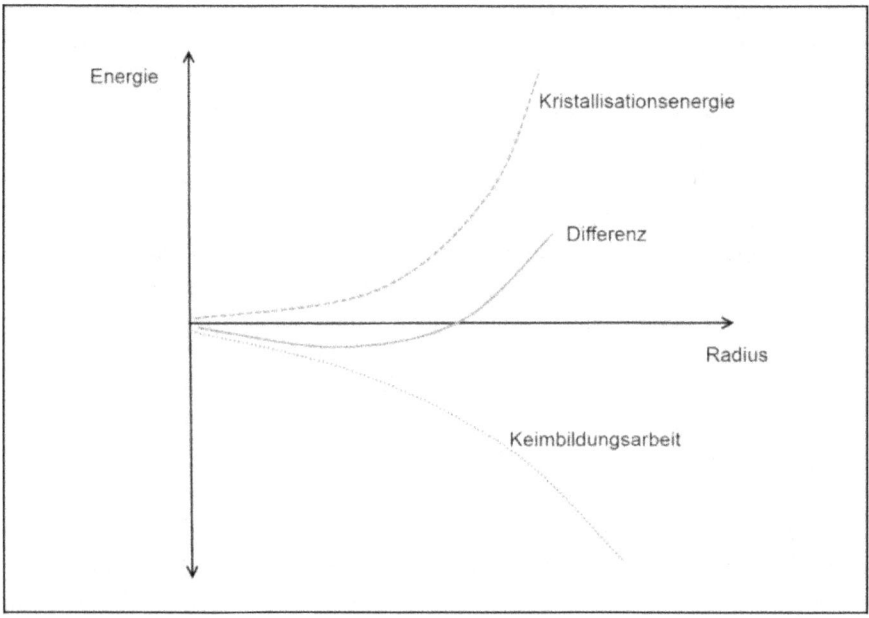

Abb. 6: *Kritische Keimgröße. Während die Keimbildungsarbeit proportional zum Quadrat des Keimradius ist, steigt die Kristallisationsenergie kubisch. Der Keim ist stabil, wenn die Differenz der beiden Größen positiv ist.*

Wenn man so will, sind Keime die Kinder und Babys der Kristalle und müssen sich in ihrem jungen Dasein durchsetzen, wobei es viele nicht schaffen. Stellen Sie sich nun die Menschen vor langer Zeit vor, als es weder Hygiene noch Medizin und keinen Sozialstaat gab. Zu einer Zeit als noch die Evolution wirkte und die strengen Gesetze der natürlichen

Auslese herrschten. Damals gab es eine hohe Geburtenrate und eine ebenso hohe Kindersterblichkeit. Und die Kinder verbrauchten erstmal Energie, ihre Eltern mussten sie umsorgen und dabei viel Arbeit investieren. Erst ab einem gewissen Alter, als die Kinderkrankheiten überstanden waren, nahm auch die Überlebenswahrscheinlichkeit zu. Die älteren Kinder brauchten immer weniger Betreuung, irgendwann konnten sie zum Wohl der Sippe bereits arbeiten; sie begannen quasi Energie freizusetzen, wie stabil gewordene Kristallkeime.

Symmetrie in Kristallen

Manche Verbindungen zwischen Persönlichkeitsmerkmalen und den Eigenschaften von Steinen beziehen sich direkt auf die Kristallstruktur und ihre Symmetrie. Andere Merkmale hängen mittelbar damit zusammen; so sind die in den folgenden Kapiteln besprochenen optischen Effekte in vielen Fällen ein Ausdruck verringerter Symmetrie. Für ein besseres Verständnis der Zusammenhänge werden hier die Symmetrieoperationen und die Einteilung in Kristallsysteme kurz skizziert.

In der Mineralogie werden drei Symmetrieoperationen unterschieden: Spiegelebene, Drehachse und Inversion. Die letztgenannte Operation kann man auch als Spiegelung durch einen Punkt auffassen. Abb. 7 zeigt, wie zwei Kristallflächen durch die jeweiligen Symmetrieoperationen zueinanderstehen, erkennbar an der Lage der abgeschnittenen Ecke. Bei den Drehachsen unterscheidet man verschiedene Zähligkeiten, die besagen, wie oft ein Kristall bei einer vollständigen Drehung eine identische Stellung einnimmt. Es gibt 1-, 2-, 3-, 4- und 6-zählige Drehachsen. So hat beispielsweise ein Kristall mit einer 4-zähligen Drehachse vier identische Stellungen, jeweils nach einer Drehung um 90°.

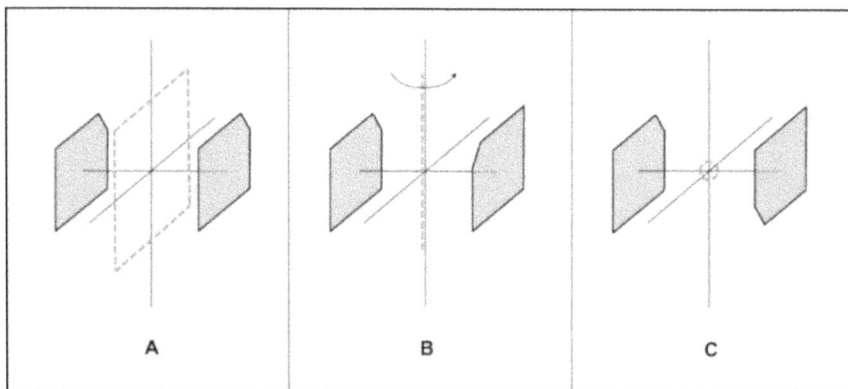

Abb. 7: Übersicht der Symmetrieoperationen. Auf der linken Seite der Achsenkreuze befindet sich die Ausgangsfläche, auf der rechten Seite die symmetrieäquivalente Gegenfläche. Beachten Sie die Position der abgeschnittenen Ecke, um die unterschiedliche Wirkungsweise der Operationen zu erkennen. A) Spiegelebene; B) 2-zählige Drehachse; C) Inversion.

System	Bild	Achsen	Winkel
kubisch		a = b = c	alle Winkel = 90°
hexagonal		a = b ≠ c c ist 6-zählig	zwischen a und b 60°, zu c 90°
tetragonal		a = b ≠ c c ist 4-zählig	alle Winkel = 90°
trigonal		a = b ≠ c c ist 3-zählig	zwischen a und b 120°, zu c 90°
rhombisch		a ≠ b ≠ c	alle Winkel = 90°
monoklin		a ≠ b ≠ c	2 Winkel = 90°, einer beliebig
triklin		a ≠ b ≠ c	alle Winkel ≠ 90°

Tab. 1: Übersicht der Kristallsysteme

Kristalle werden auf ein 3-dimensionales Koordinatensystem bezogen. Dieses wird so ausgewählt, dass die Symmetrieoperationen möglichst parallel zu den Achsen liegen. Symmetrieäquivalente Achsen sind gleich lang. Hat eine Drehachse eine höhere Zähligkeit als alle anderen, wird sie Hauptachse genannt und parallel zu der senkrechten Achse des Koordinatensystems orientiert. Aus der Kombination der Achsenlängen, der Zähligkeit der Hauptachse sowie den Winkeln zwischen den Achsen unterscheidet man 7 Kristallsysteme, gemäß Tab. 1.

In jedem Kristallsystem gibt es mehrere Kombinationen mit Spiegelebenen, niedriger zähligen Drehachsen oder der Inversion. Dies führt zu einer feineren Einteilung in Kristallklassen, von denen es 32 gibt. Dies soll an dieser Stelle nicht weiter vertieft werden. Beachten Sie, dass die Einteilung, die prinzipiell auf der Kristallgeometrie beruht, Aussagen über die Kristallstruktur und die physikalischen Eigenschaften enthält. Wenn im Bezugskoordinatensystem zwei Achsen gleich lang sind, bedeutet dies, dass die Kristallstruktur in Richtung dieser Achsen identisch aussieht. Ebenso sind die physikalischen Eigenschaften in den besagten Richtungen gleich.

Entstehung von Edelsteinen

Die von uns Menschen geschätzten und für Schmuck bzw. spirituelle Zwecke genutzten Edelsteine, werden von der Natur in keiner Weise bevorzugt. Sie entstehen in den unterschiedlichsten geologischen Milieus, überall dort, wo auch alle anderen Minerale und Gesteine entstehen. Somit sind Edelsteine eine Teilmenge der anorganischen Natur, in der eine Vielzahl natürlicher Phänomene und Charaktere repräsentativ vertreten ist. Wenn Sie sich für den Ursprung der Edelsteine interessieren, finden Sie in diesem Kapitel eine entsprechende Übersicht. Die Verbindung zu menschlichen Charakteren kommt in einem späteren Kapitel (Genetische Typen) zur Sprache.

Magmatische Entstehung

In ihrer Urzeit war die Erde sehr heiß, sie war weitgehend geschmolzen und ihre Oberfläche bestand aus einem Magmaozean. Mit fortschreitender Abkühlung kristallisierten aus der Schmelze Minerale, das Magma erstarrte zu Stein und bildete die ersten Krustensegmente. Man kann somit behaupten, dass die **magmatische** die primäre Entstehungsart ist, mit der alles begann. Dies bedeutet jedoch nicht, dass magmatische Steine sehr alt sein müssen. Ganz im Gegenteil dauern die Prozesse bis heute an, stetig steigt irgendwo auf der Erde Magma aus dem Inneren unseres Planeten in die Erdkruste auf und erstarrt allmählich.

Es gibt eine Vielzahl verschiedener Magmatite. Tiefe und Zusammensetzung der Herkunftszone, der Aufschmelzanteil und die Dauer des Aufstiegs bestimmen die Art des Magmas. Weitere Prozesse (z. B. Assimilation von umgebenden Krustengesteinen) können das Magma auf unterschiedliche Weise modifizieren. Der bekannteste Edelstein, der Diamant, stammt typischerweise aus Kimberliten. Das sind kohlenstoffreiche Magmatite, die in früheren geologischen Epochen aus großer Erdtiefe aufgestiegen sind. Beispiele für typische Edelsteine der verschiedenen Milieus finden Sie in Tab. 2.

Durch stetigen Nachschub aus dem Erdinnern kann der Druck auf die Erdkruste so stark ansteigen, dass das Festgestein bricht und die Gesteinsschmelze in einem Vulkanausbruch zur Oberfläche gelangt. Die **vulkanische** Entstehung ist eine Form der magmatischen, bedarf jedoch einer gesonderten Betrachtung. Lava kühlt durch den Kontakt mit Luft wesentlich schneller ab als das Magma in einigen Kilometern Tiefe. Die Kristalle haben weniger Zeit zum Wachsen und werden dadurch viel kleiner, oft mit dem bloßen Auge nicht mehr zu erkennen, ähnlich einer homogenen Masse. Obwohl in Vulkaniten in vielen Fällen dieselben Minerale wie in der Tiefe der Kruste entstehen, unterscheidet sich das äußere Aussehen durch die geringe Korngröße und weitere vulkanische Erscheinungen (Gasblasen, Fließstruktur) stark. Ein typischer vulkanischer Edelstein ist der amorphe Obsidian, der durch eine schlagartige Abkühlung entsteht, so dass keine Zeit zur Bildung von Kristallen bleibt.

Eine weitere Sonderform magmatischer Genese ist das **pegmatitische** Milieu. Bei der Ausscheidung der Hauptminerale werden dem Magma bestimmte chemische Elemente entzogen, die für den Aufbau des jeweiligen Kristallgitters nötig sind. Ferner werden seltene Elemente (als Verunreinigung) ins Gitter eingebaut, wenn sie aufgrund ihrer Atomgröße hineinpassen. Andere Elemente, die keine passende Atomgröße haben oder flüchtig sind, verbleiben im Magma und reichern sich im Zuge der Kristallisation zunehmend an. Wenn der größte Teil der Magmakammer fest geworden ist, verbleibt eine fluidreiche Restschmelze. Sie enthält seltene Elemente (z. B. Lithium, Beryllium, Bor, Cäsium) und gasförmige Substanzen (insbesondere Wasser) in ungewöhnlich hoher Konzentration. Aus ihr kristallisieren Minerale, welche die erwähnten seltenen Elemente als maßgeblichen Bestandteil enthalten. Die so gebildeten Pegmatite zeichnen sich durch relativ große Kristalle aus, da die reichhaltigen Fluide die Viskosität der Schmelze senken und das Kristallwachstum begünstigen. Zahlreiche Edelsteine, die global betrachtet selten und wertvoll sind, stammen aus Pegmatiten.

Sedimentäre Entstehung

Das nächste Entstehungsprinzip für Steine ist der sedimentäre Bereich, der von mehreren oberflächennahen Prozessen (Verwitterung, Erosion, Transport, Ablagerung) dominiert wird. Bei der Bildung eines Sediments können nur bestimmte der erwähnten Prozesse beteiligt sein oder alle ineinandergreifen. Ein Gestein, das der Witterung ausgesetzt ist, kann rein mechanisch zerkleinert werden. Die entstandenen Partikel werden von Flüssen als Schwebfracht transportiert und schließlich in Meeren oder Binnenseen angelagert. Auf der anderen Seite kann Witterung zu einer chemischen Zersetzung des Ursprungsgesteins führen. Es bilden sich neue Verbindungen und Minerale, der Sauerstoff der Atmosphäre führt zur Oxidation, sein Kohlendioxid zur Carbonatisierung und Wasser kann in Verbindungen eingebaut werden (Hydratation). Bestimmte chemische Elemente werden dabei wasserlöslich und von Flüssen als gelöste Ionen wegtransportiert. Andere Elemente, die keine wasserlöslichen Ionen bilden, verbleiben am Ort der Verwitterung.

Sedimentäre Prozesse führen zur Trennung und einer massiven Umverteilung von Mineralen und chemischen Elementen, aber auch zu bestimmten Anreicherungen. Außerdem entstehen viele neue Minerale, sei es durch Reaktionen mit Wasser, Kontakt zur Atmosphäre oder Abscheidung aus zirkulierenden Wässern. In Gewässern abgelagerte Sedimente enthalten oft Reste abgestorbener Organismen, insbesondere ihre Kalkschalen bleiben lange erhalten. Der sedimentäre Bildungsraum spielt für alle Edelsteine, die aus Fossilien oder fossilienhaltigen Gesteinen bestehen oder unter niedrigen Temperaturen und oberflächennahen Bedingungen entstehen, eine große Rolle.

Werden oberflächennahe Erzvorkommen von der Witterung angegriffen, entstehen wegen der dort enthaltenen Übergangsmetalle sehr farbenprächtige Minerale. Unter ihnen befinden sich einige beliebte Edelsteine, von denen Malachit der populärste sein dürfte. Den Reaktionsraum zwischen Erz und Atmosphäre/Oberflächenwasser bezeichnet man als **Oxidationszone**. Traditionell sind diese Zonen seit Jahrtausenden für die Gewinnung von Erzen bedeutsam, weil sie sich durch einen hohen Metallgehalt und relativ leicht zu verhüttende Minerale kennzeichnen.

Dennoch sind sie für den Schmuckinteressierten attraktiv, einige der bunten Minerale wurden früher als Farbpigmente benutzt, andere bis in die heutige Zeit als Schmuckstein.

Metamorphe Entstehung

Durch Bewegung innerhalb der Erdkruste können Gesteine (z. B. bei einer Gebirgsbildung) in tiefere Regionen gelangen und dort verändert werden, was zum metamorphen Milieu führt. Diese Umwandlung spielt sich im festen Zustand ab. Deformation verursacht Schieferung und Faltung, steigende Temperatur führt zum Zerfall von Mineralen und zur Bildung neuer, die unter den jeweiligen Druck-Temperatur-Bedingungen stabil sind. Metamorphite sind sehr vielfältig, aus einem Ausgangsgestein können mehrere Produkte nacheinander entstehen, je nachdem, welchen Weg das Gestein durch die Erdkruste nimmt. Der Mineralgehalt des Gesteins passt sich immer den herrschenden Bedingungen an. Stoffaustausch mit angrenzenden Magmen oder durchströmenden heißen Lösungen vergrößert die Vielfalt. Einer der populärsten Edelsteine, der Granat, ist ein typischer Vertreter des metamorphen Milieus.

Hydrothermale Entstehung

Als letzte bedeutende Entstehungsart ist die hydrothermale Bildung zu nennen, bei der sich Minerale aus einer heißen wässrigen Lösung abscheiden. Im engeren Sinn meint man den Temperaturbereich zwischen 100 und 374 °C, dem Siedepunkt und dem kritischen Punkt des Wassers. Bei den hohen Temperaturen und einem entsprechend hohen Druck in ein paar Kilometern Tiefe ist die Löslichkeit der meisten Substanzen wesentlich höher als bei Zimmertemperatur. Selbst als unlöslich geltende Minerale können unter hydrothermalen Bedingungen eine nennenswerte Löslichkeit besitzen. Kühlt das hydrothermale Medium ab, verringert sich die Löslichkeit der mitgeführten Substanzen entsprechend, und es kommt zur Ausscheidung von Mineralen.

Primäre hydrothermale Lösungen stammen von Magmen ab. Nach Ende der pegmatitischen Kristallisation verbleibt eine wasserreiche Phase, in der zahlreiche Ionen gelöst sind. Doch auch in Metamorphiten und Sedimenten entstehen hydrothermale Lösungen, was im Zerfall wasser- und hydroxidhaltiger Minerale sowie der Erhitzung des Porenwassers begründet ist.

Hydrothermale Lösungen kommen in allen Gesteinskategorien vor. Sie können aus magmatischen, metamorphen oder sedimentären Quellregionen stammen, müssen jedoch nicht in derselben Umgebung Kristalle ausscheiden. Die Flüssigkeit bahnt sich entlang von Rissen, Spalten und Hohlräumen ihren Weg durch die Erdkruste und hinterlässt die gelöste Mineralfracht zuweilen weitab ihrer Entstehung in einer ganz anderen geologischen Umgebung. Eine ganze Reihe von Edelsteinen entsteht hydrothermal. Da die Kristalle manchmal in den freien Raum wachsen können (bzw. in eine Flüssigkeit), erreichen sie eine schöne geometrische Form, mitunter eine stattliche Größe, Klarheit und Reinheit.

Sonstiges

Nur wenige Edelsteine passen nicht in das geschilderte Schema. Eine dieser Ausnahmen umfasst biogene, von rezenten Organismen gebildete Schmucksteine. Es gibt zwar auch im sedimentären Bereich biogene Anteile und Steine, jedoch handelt es sich dort immer um fossile (Millionen Jahre alte) Komponenten. Die zweite Ausnahme bezieht sich auf extraterrestrisches Material. Damit sind Steine gemeint, die als Meteorite auf die Erde kamen oder die bei Einschlägen von Meteoriten entstanden sind.

Abschließend bleibt noch festzuhalten, dass Edelsteine nicht unbedingt dort abgebaut werden, wo sie entstanden sind. Das wichtigste und klassische Beispiel dafür sind Seifenlagerstätten. Das sind Sedimente, in denen Minerale mit höherer Dichte angereichert sind. Bei der Erosion von Gesteinen, werden die Minerale, welche resistent gegen chemische Verwitterung sind und eine recht hohe Härte besitzen, von Flüssen weit transportiert. An Stellen abnehmender Fließgeschwindigkeit, setzen sich bevorzugt die Minerale am Grund ab, die eine überdurchschnittliche

Dichte haben, was zu ihrer Anreicherung führt. Seifen werden gerne abgebaut, weil das Sediment relativ weich ist, seine Nähe zur Oberfläche Tagebau ermöglicht und die Konzentration der begehrten Minerale höher sein kann als in den Gesteinen ihrer ursprünglichen Entstehung. So werden auch zahlreiche Edelsteine aus Seifen gewonnen, darunter Diamant, Rubin, Zirkon, Spinell, Saphir, Chrysoberyll und Topas. Doch denken Sie daran, dass Edelsteine niemals in einer Seife entstehen, sie alle werden dorthin verfrachtet.

Milieu	Beispiele von Edelsteinen
magmatisch	Augendiorit, Dalmatinerstein, Diamant, Eudialyt, Gabbro, Hypersthen, Labradorit, Larvikit, Peridot, Sodalith
- vulkanisch	Eldarit, Hauyn, Obsidian, Porfido verde (Blütenporphyr), Regenwaldstein
- pegmatitisch	Amazonit, Amblygonit, Aquamarin, Beryll, Brasilianit, Kunzit, Petalit, Rosenquarz, Topas, Turmalin
sedimentär	Alabaster, Aragonit, Bernstein, Chrysanthemenstein, Feuerstein, Onyxmarmor, Opal, Schlangenstein, Stromatolith, Türkis
- Oxidationszone	Azurit, Chrysokoll, Cuprit, Malachit, Shattuckit
metamorph	Anyolit, Chiastolith, Epidot, Granat, Iolith, Jade, Kornerupin, Nephrit, Rhodonit, Rubin, Spinell, Staurolith, Thulit
hydrothermal	Achat, Amethyst, Bergkristall, Chalcedon, Citrin, Fluorit, Karneol, Prasem, Rauchquarz, Rutilquarz, Schalenblende
biogen	Koralle, Perle
meteoritisch	Moldavit, Oktaedrit

Tab. 2: Übersicht der geologischen Milieus mit Beispielen von Edelsteinen, welche für diese Entstehungsart typisch sind.

Persönlichkeitsmerkmale und Steineigenschaften

Farbpsychologie

Ein besonders augenfälliges Merkmal eines Edelsteins ist seine Farbe. Es ist das, was jedem Menschen sofort auffällt, und für viele ist es das Hauptkriterium, wenn es um die Kaufentscheidung für ein Schmuckstück geht. So spielt die Farbe auch hier eine große Rolle. Allerdings sollten Sie die Farbe Ihres Edelsteins nicht passend zur Kleidung oder Augenfarbe, sondern passend zum Charakter auswählen. Im Sinne der anthropomorphen Gemmologie ist die Farbpsychologie maßgeblich. Ihre Deutungen werden im Folgenden aufgeführt. Mehrere Minerale kommen in der Natur in verschiedenen Farben vor, so dass sie ggf. bei mehr als nur einer Farbe aufgeführt sind.

Gelb ist die Farbe der Sonne und symbolisiert daher Wärme, Lebendigkeit und Heiterkeit. Als Grundlage üppiger Natur steht sie auch für Reichtum und Kreativität. Ein gelber Stein ist für Sie besonders geeignet, wenn Sie fröhlich, lebensbejahend, optimistisch, lebhaft und extrovertiert sind. Außerdem wenn Sie künstlerisch begabt, literarisch oder in anderer Weise kreativ sind. Und es wäre die Farbe Ihrer Wahl, wenn Sie zudem nach Wohlstand streben, im Leben etwas erreichen möchten und einen Sinn für hochwertige Produkte, Markenartikel sowie etwas Luxus haben.

Beispiele für gelbe Edelsteine:
Amblygonit, Apatit, Brasilianit, Citrin, Chloropal, Chrysoberyll, Danburit, Goldberyll, Heliodor, Jargon, Jaspis, Kopal, Padparadscha, Pyrit, Scheelit, Selenit, Serpentin, Sinhalit, Skapolith, Tigerauge, Titanit, Topas, Topazolith, Zitronenchrysopras.

In einer ähnlichen Weise wird die Farbe **orange** interpretiert. Sie steht für Freude, Extraversion, Lebhaftigkeit und Lebensbejahung. Wenn Sie zudem ein aktiver Mensch sind, sehr gesellig und ausgelassen, ferner viel Wert auf Spaß im Leben legen, so wäre ein orangefarbener Stein eine gute Wahl.

Beispiele für orangefarbene Edelsteine:
Aprikosenachat, Feueropal, Klinohumit, Mandaringranat, Orangencalcit, Sonnenstein, Sphalerit, Stilbit.

Rot steht bekanntlich für die Liebe oder allgemeiner ausgedrückt für Leidenschaft und Dynamik. Es ist Ihre Farbe, wenn Sie aktiv, temperamentvoll, impulsiv, dynamisch, verführerisch, leidenschaftlich und tollkühn sind, voller Tatendrang stecken und Ihre Gefühle stark zum Ausdruck bringen.

Beispiele für rote Edelsteine:
Almandin, Aventurin, Bixbit, Catlinit, Cuprit, Eudialyt, Hessonit, Hyazinth, Jaspis, Karneol, Koralle, Mookait, Piemontit, Pyrop, Rhodolith, Rhodonit, Rubin, Sonnenstein, Spinell, Thulit, Tugtupit.

Blau ist der Inbegriff von Vertrauen und Sicherheit. Nicht ohne Grund gestalten viele Firmen, die ein seriöses Image anstreben, ihre Prospekte oder Webseiten in blauer Farbe. Wenn Sie freundlich, vertrauensvoll, zuverlässig, treu, seriös und tendenziell ruhig, zufrieden und introvertiert sind sowie Ihr Leben von Harmonie, tiefen Freundschaften und einem gepflegten Äußeren geprägt ist, wäre ein blauer Stein sehr passend.

Beispiele für blaue Edelsteine:
Andenopal, Angelit, Apatit, Aquamarin, Azurit, Benitoit, Blauquarz, Chalcedon, Chrysokoll, Coelestin, Dumortierit, Falkenauge, Hauyn, Hemimorphit, Indigolith, Iolith, Kyanit, Lapislazuli, Larimar, Lazulith, Rhodusit, Richterit, Saphir, Shattuckit, Sodalith, Spinell, Tansanit, Topas, Türkis, Wassersaphir.

Grün symbolisiert die Natur wie kaum eine andere Farbe. Grün steht aber auch für Beharrlichkeit, da die Natur bzw. das Leben selbst unwirtlichste Orte der Erde besiedelt hat und sich unter schwierigsten Bedingungen behaupten konnte. Grün wirkt zudem gesund, wie eine Naturlandschaft, die fruchtbaren Boden, genügend Wärme und Wasser hat, im üppigen Grün gedeiht. Ein grüner Edelstein ist empfehlenswert, wenn Sie lebensfroh, hoffnungsvoll, naturverbunden, zuversichtlich, vital, geduldig, ausgeglichen sind und Ihre Ziele entspannt aber beharrlich verfolgen.

Beispiele für grüne Edelsteine:
Amazonit, Apatit, Aventurin, Baumachat, Californit, Chrysopras, Demantoid, Diopsid, Dioptas, Eldarit, Epidot, Fuchsit, Heliotrop,

Hiddenit, Jade, Kornerupin, Malachit, Moldavit, Peridot, Plasma, Porfido verde, Prasem, Prasiolith, Prasopal, Prehnit, Regenwaldstein, Serpentin, Smaragd, Smaragdit, Titanit, Tsavorit, Uvarovit, Variscit, Verdelith, Verdit, Vesuvian.

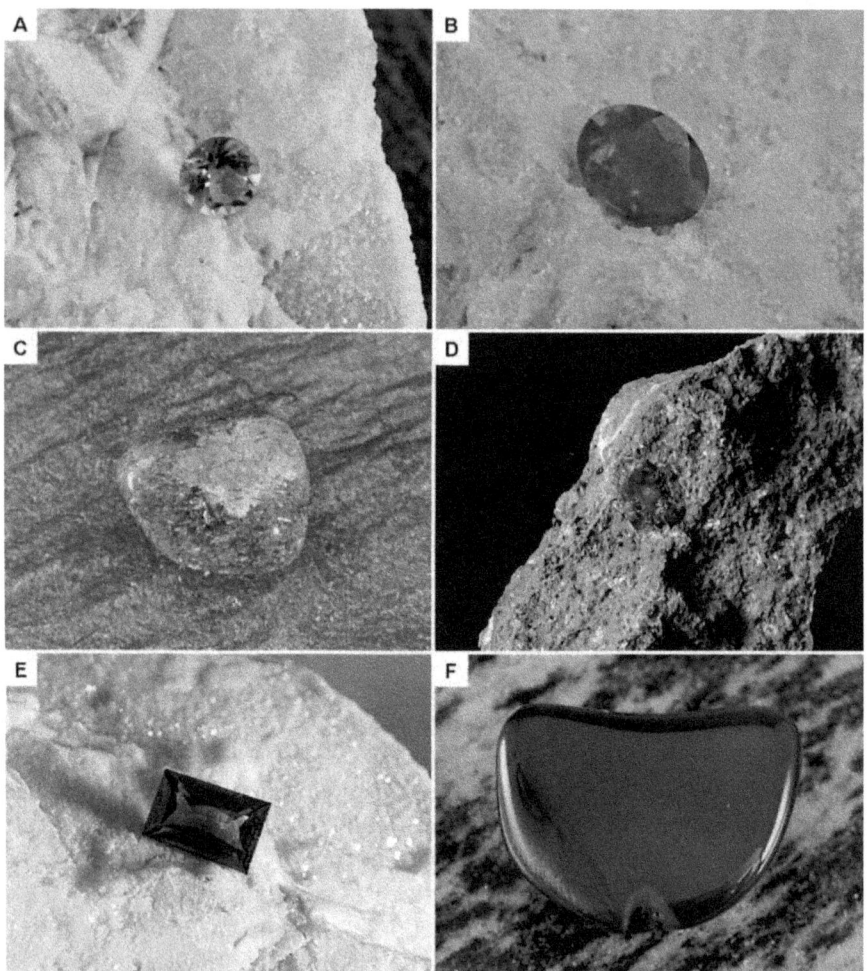

Abb. 8: *Einfarbige Edelsteine.* **A)** *Citrin, gelb;* **B)** *Feueropal, orange;* **C)** *Roter Aventurin;* **D)** *Hauyn, blau;* **E)** *Verdelith, grün;* **F)** *Sarder, braun.*

Braun ist die Farbe der Erde und des Bodens; die damit verbundenen Kernassoziationen sind Bodenständigkeit und Fruchtbarkeit. Sind Sie ein solider, reifer, anpassungsfähiger, bodenständiger und evtl. familiärer Mensch, der Geborgenheit, Sinnlichkeit und Bequemlichkeit schätzt und gelegentliche Zurückgezogenheit in der Natur genießt, so ziehen Sie einen braunen Stein in Betracht.

Beispiele für braune Edelsteine:
Almandin, Anthophyllit, Astrophyllit, Axinit, Bernstein, Boulderopal, Bronzit, Cappuccinojaspis, Dravit, Holzstein, Mahagoniobsidian, Rauchquarz, Sarder, Sardopal, Schalenblende, Spessartin, Staurolith, Stromatolith, Tigereisen, Tsesit, Turitella-Achat, Zirkon.

Weiß ist ein Symbol für Reinheit und Frieden. Steine in dieser Farbe eignen sich besonders für ehrliche, objektive, unbestechliche, friedliche, ausgleichende, soziale Menschen, die fest an ihre Ideale und Visionen glauben sowie die Vollkommenheit und das Gute schätzen. In diese Kategorie fallen auch alle farblosen Steine, da die meisten Minerale, welche weiß sind, auch farblos sein können und umgekehrt. Ein großer Kristall, frei von Einschlüssen ist oft durchsichtig und farblos. Enthält die selbe Kristallart Einschlüsse, oder liegt ein Gemenge zahlreicher Kristalle vor, so wird das Licht an den Grenzflächen vielfach gebrochen, der Stein wird dadurch undurchsichtig und erhält eine weiße Farbe.

Beispiele für weiße/farblose Edelsteine:
Achroit, Amblygonit, Bergkristall, Beryllonit, Cerussit, Danburit, Diamant, Friedensachat, Girasol, Goshenit, Howlith, Magnesit, Moissanit, Mondstein, Opal, Perle, Petalit, Phenakit, Sanidin, Schlangenhautachat, Schneequarz, Selenit, Skolezit, Topas, Ulexit.

Rosa wird häufig mit Mädchen in Verbindung gebracht und symbolisiert besonders die kindlichen Attribute. So ist es die Farbe der verspielten, junggebliebenen, sanftmütigen, unschuldigen und zärtlichen Menschen. Speziell bei Frauen spricht rosa für ein betont feminines Wesen.

Beispiele für rosa Edelsteine:
Andenopal, Kobaltcalcit, Kunzit, Manganocalcit, Morganit, Padparadscha, Petalit, Pezzottait, Rhodochrosit, Rhodonit, Rosenquarz, Rubellit, Skapolith, Stichtit, Taaffeit, Thulit, Tugtupit.

Abb. 9: Einfarbige Edelsteine, Fortsetzung. A) Friedensachat, weiß; B) Andenopal, rosa; C) Lavendeljade, lila; D) Psilomelan, schwarz.

Lila und **violett** sind die Farben der Mystik, insbesondere violett symbolisiert als Farbe der Könige auch Macht. Es sind die passenden Farbtöne, wenn Sie spirituell, gläubig, esoterisch, introvertiert sind. Helle Töne wie z. B. fliederfarben eignen sich besonders für den Romantiker, während ein dunkles violett einem selbstsicheren und mächtigen Charakter entspricht.

> Beispiele für lila und violette Edelsteine:
> Amethyst, Charoit, Fluorit, Kobaltcalcit, Lavendeljade, Lepidolith, Pezzottait, Phosphosiderit, Purpurit, Siberit, Stichtit, Sugilith, Taaffeit.

Grau und **schwarz** stehen für die Sachlichkeit. Die Farben passen zu den nachdenklichen, nüchternen und rationalen Menschen und denen, die eine Vorliebe für Funktionalität haben. Grau kommt zusätzlich bei einer schlichten und zurückhaltenden Lebensweise in Frage. Schwarz dagegen betonz Eleganz, Autorität und Individualismus.

Beispiele für graue und schwarze Edelsteine:
Black-Lace-Achat, Botswana-Achat, Chrysanthemenstein, Feuerstein, Gagat, Hämatit, Labradorit, Larvikit, Lava, Magnetit, Melanit, Morion, Obsidian, Onyx, Pinolith, Psilomelan, Quarz-Katzenauge, Schörl, Shungit.

Farbgruppen

Während das vorherige Kapitel von Steinen handelte, die einfarbig sind bzw. bei denen eine Farbe stark überwiegt, geht es nun um mehrfarbige Steine. Sie bestehen aus mindestens zwei Mineralen oder Komponenten und gehören damit zu der geologischen Kategorie der Gesteine. Ferner können verschiedene Farben auch innerhalb eines Minerals oder gar innerhalb desselben Kristalls auftreten, wenn die Verteilung der farbgebenden Einschlüsse oder Spurenelemente inhomogen ist. Somit gibt es auch Übergänge zu den im vorherigen Kapitel beschriebenen Steinen, da je nach Reinheit eines Minerals der entsprechende Edelstein mal einfarbig, mal mehrfarbig aussehen kann.

Folgende Farbgruppen können bei Edelsteinen unterschieden werden:
- Sonnenfarben (Kombinationen von weiß, gelb, orange und rot)
- Erdfarben (braun oder beige in Kombination mit gelb, rot, grau oder schwarz)
- Meerfarben (blau/weiß, blau/grün oder grün/weiß)
- Naturfarben (grün in Verbindung mit rot, braun, gelb, grau oder schwarz)
- Blütenfarben (weiß, gelb, rosa, lila; evtl. etwas grün)
- Nachtfarben (schwarz in Verbindung mit kräftigen bis dunklen Farben wie blau, violett oder rot bis rotbraun)
- Steinfarben (Kombinationen von schwarz, grau, weiß – oder schwarz in Verbindung mit hellen Farben wie rosa oder gelb)

Zu den Farbgruppenedelsteinen gehören auch solche, die durch optische Effekte wie etwa Pleochroismus oder Changieren (vergleiche Kap. Konstanz und Variabilität) ihre Farbe wechseln. Der Effekt sollte aber stark genug ausgeprägt sein, so dass tatsächlich zwei verschiedene Farben sichtbar sind und nicht lediglich dieselbe Farbe in unterschiedlicher Tiefe. Ferner gehören zu den zweifarbigen Edelsteinen solche Minerale, die eine abweichende **Strichfarbe** offenbaren. Die Strichfarbe ermittelt man, indem mit dem Mineral über eine unglasierte Porzellantafel gestrichen wird; dies entspricht der Farbe im pulverisierten Zustand. Ist der Strich farbig und abweichend von der äußeren Mineralfarbe, kann der Edelstein einer Farbgruppe zugeordnet werde. Im

Allgemeinen ist dieser Effekt bei Edelsteinen selten. Eine Übersicht der relevanten Minerale gibt Tab. 3.

Mineral	äußere Farbe	Strichfarbe	Farbgruppe
Chalkopyrit	gelb, Anlauffarben	schwarz	Steinfarben
Hämatit	grau	rotbraun	Nachtfarben
Pyrit	messinggelb	schwarz	Steinfarben
Rutil	rot, braun	hellgelb	Sonnenfarben
Sphalerit	braun, rotbraun	hellbeige	Erdfarben

Tab. 3: Übersicht der Edelsteine, die eine farbige Strichfarbe besitzen, welche abweichend von der äußeren ist.

Für die Einordnung eines Edelsteins zu einer Farbgruppe sollten mindestens zwei Farben enthalten sein, die in der oben beschriebenen Definition der Farbgruppe erwähnt sind. Einfarbige Steine gehören keiner Farbgruppe an und sollten hier nicht weiter betrachtet werden. Sind in einem Stein viele Farben vertreten, die nicht eindeutig einer Farbgruppe angehören, so entscheidet die überwiegende Übereinstimmung.

Welcher Farbgruppe sollten die Edelsteine angehören, die Ihrer Persönlichkeit am besten entsprechen? Dazu gibt es zwei Möglichkeiten, die Sie nach Ihrem Ermessen oder einfach nach Ihrer Intuition auswählen können. Bei der ersten Möglichkeit nehmen Sie die Farbgruppe, welche die Farbe enthält, die Sie aufgrund der Farbpsychologie ermittelt haben. Wenn Sie beispielsweise erkannt haben, dass gelb Ihre Farbe ist, dann könnten Edelsteine der Sonnenfarben oder der Blütenfarben in Betracht kommen. Sie sollten dann aber Steine wählen, die tatsächlich gelb enthalten und nicht nur eine Kombination von weiß/rot oder weiß/rosa. In manchen Fällen werden Sie bei der Farbpsychologie zu dem Ergebnis kommen, dass zwei oder mehr Farben gleichermaßen Aspekte Ihrer Person widerspiegeln. Dann wäre zu prüfen, ob diese Farben derselben Farbgruppe angehören. Wenn Sie zum Beispiel im vorherigen Kapitel grün und weiß als Ihre Farben erkannt haben, so würden sich Edelsteine der Meerfarben besonders anbieten.

Die zweite Möglichkeit, die für Sie passende Farbgruppe zu bestimmen, funktioniert anhand der Bezeichnung der Farbgruppe. Jede Bezeichnung hat eine gewisse Symbolik und bietet viele Assoziationen, die Sie mit Ihren Wesensmerkmalen, Interessen und Vorlieben abgleichen können. Im Folgenden werden die Farbgruppen bezüglich ihrer Symbolik beschrieben. Die Auflistung liefert aber nur Beispiele, sie ist nicht vollständig. Sie können eigene Deutungen hinzufügen, so lange es wirklich Ihre Deutungen sind, an die Sie oft denken und die Sie „leben".

Steine der **Sonnenfarben** repräsentieren Tag, Helligkeit und Wärme. Wählen Sie diese Farbgruppe, wenn Sie ein Tagmensch sind, ein Frühaufsteher, wenn Sie warmes Klima lieber mögen als kühles, gerne in der Sonne liegen, Strandurlaub machen, oder wenn Sie ein sonniges Gemüt haben.

> Beispiele für Edelsteine der Sonnenfarben:
> Aprikosenachat, Crazy-Lace-Achat, Dr.-Liesegang-Stein, Landschaftsachat, Mookait, Piemontit, Rutil, Rutilquarz, Sonnenstein, Sphalerit, Stilbit, Thomsonit.

Die **Erdfarben** sind für diejenigen prädestiniert, die ein besonderes Verhältnis zum Boden und zu unserem Planeten haben. Dies äußert sich zum Beispiel beim Hobbygärtnern oder in der Lust, viele fremde Länder zu bereisen, oder durch Interesse an globalen Zusammenhängen, seien sie ökologischer oder politischer Natur.

> Beispiele für Edelsteine der Erdfarben:
> Boulderopal, Bronzit, Cappuccinojaspis, Chiastolith, Holzstein, Landschaftsstein, Mahagoniobsidian, Polychromjaspis, Schalenblende, Schlangenstein, Septarie, Stromatolith, Tigerauge, Tigereisen.

Wenn Sie sich für die **Meerfarben** entscheiden, dann haben Sie eine Affinität zum Wasser. Vielleicht schwimmen, tauchen, angeln oder segeln Sie gerne, leben oder halten sich bevorzugt in der Nähe von Gewässern auf oder Sie essen mit Vorliebe Fisch bzw. Meeresfrüchte. Ein ausgeprägtes Interesse für Flora und Fauna der Ozeane oder für die Schifffahrt ist ebenso mit Meeresfarben vereinbar wie eine Vorliebe für Kreuzfahrten.

Beispiele für Edelsteine der Meerfarben:
Amazonit, Azurmalachit, Baumachat, Benitoit, Chalcedon, Dumortierit, Eilatstein, Hemimorphit, Iolith, Jade, Kyanit, Lapislazuli, Larimar, Moosachat, Porfido verde, Prasem, Seraphinit, Smaragdit, Sodalith.

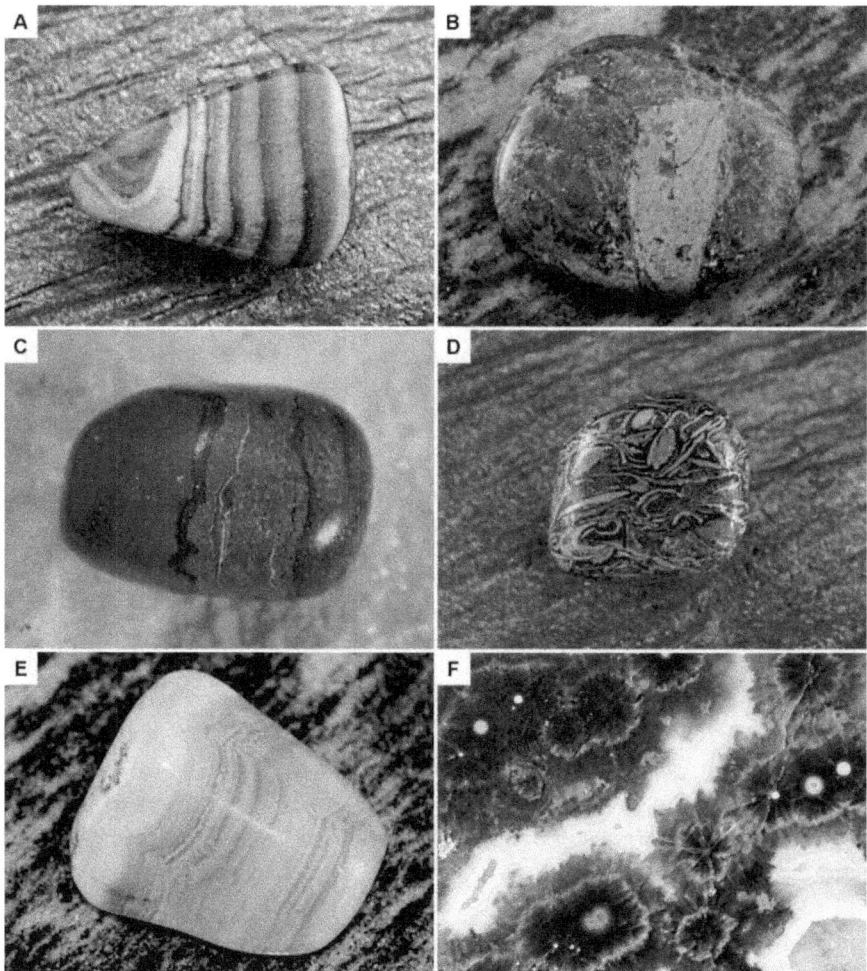

Abb. 10: *Farbgruppensteine. **A)** Dr.-Liesegang-Stein, weiß/rot, ein Vertreter der Sonnenfarben; **B)** Unakit, grün/rot, typisch für Naturfarben; **C)** Stromatolith und **D)** Schlangenstein, Brauntöne entsprechen den Erdfarben; **E)** Chalcedon, blau/weiß und **F)** Ozeanachat, grün/weiß, stehen für die Meerfarben.*

Die **Naturfarben** passen zu allen Menschen, die ökologisch leben und die Natur mögen, die ländlich wohnen, bäuerlich arbeiten, tierlieb sind, sich im Umweltschutz engagieren oder Haustiere haben. Begeisterte Wanderer, Rucksack- und Campingtouristen, Safari- und Zoobesucher sowie Menschen, die auf Styling und Make-up verzichten, können sich ebenfalls mit den Naturfarben identifizieren.

> Beispiele für Edelsteine der Naturfarben:
> Alexandrit, Andalusit, Anyolit, Chloromelanit, Eklogit, Heliotrop, Onyxmarmor, Ozeanjaspis, Popjaspis, Regenwaldstein, Rubin-Fuchsit, Sonora Sunrise, Wassermelonenturmalin, Unakit.

Blütenfarben sind für alle Menschen, die Blumen mögen, sich in der Floristik betätigen oder Interesse an Pflanzen und der Botanik haben. Aber auch für alle, die sich wie Blüten selbst gut präsentieren können, attraktiv auf andere wirken (wollen) und Wert auf ihren Körper, gesunde Lebensweise und ein gepflegtes Äußeres legen. Wer einen ausgeprägten Sinn für Ästhetik und Harmonie hat, könnte ebenfalls die Blütenfarben in Betracht ziehen.

> Beispiele für Edelsteine der Blütenfarben:
> Ametrin, Chevronquarz, Crazy-Lace-Achat, Kobaltcalcit, Kunzit, Lepidolith, Manganocalcit, Rhodochrosit, Stichtit-Serpentinit, Thomsonit, Thulit, Tugtupit.

Die **Nachtfarben** sind für alle Nachtmenschen da, die lieber spät abends als morgens arbeiten, die gerne im Nachtleben unterwegs sind und gerne lange ausschlafen. Wer eine Tendenz zur „dunklen" Seele hat, von menschlichen Abgründen und den Schattenseiten der Gesellschaft fasziniert ist, kann sich mit den Nachtfarben identifizieren. Das Gleiche gilt für Sternenbeobachter, Hobbyastronomen und Freunde von Horoskopen und der Astrologie.

> Beispiele für Edelsteine der Nachtfarben:
> Chalkopyrit, Charoit, Eudialytsyenit, Hämatit, Larvikit, Regenbogenobsidian, Rhodonit, Rubingneis, Sardonyx, Sugilith, Türkis, Zinkit-Franklinit-Gestein.

Wenn Sie die **Steinfarben** auswählen, haben Sie ein besonderes Verhältnis zur anorganischen Natur. Ihre Arbeit oder Ihr Interesse bezieht sich auf die Bereiche Physik, Mathematik, Schach, Bildhauerei, Geologie, Computer, Ingenieurwesen oder Fahrzeuge. Vielleicht sind Sie wie ein Stein wenig nachgiebig und ein harter Verhandlungspartner oder Sie denken in langen Zeiträumen und sind ein guter Stratege.

Beispiele für Edelsteine der Steinfarben:
Augendiorit, Baumstein, Black-Lace-Achat, Botswana-Achat, Chrysanthemenstein, Chytha, Dalmatinerstein, Gabbro, Moosopal, Nuumit, Pallasit, Pinolith, Porcellanit, Psilomelan, Pyrit, Schneeflockenobsidian, Schriftgranit, Serpentinit, Turmalinquarz, Zebrajaspis, Zebramarmor

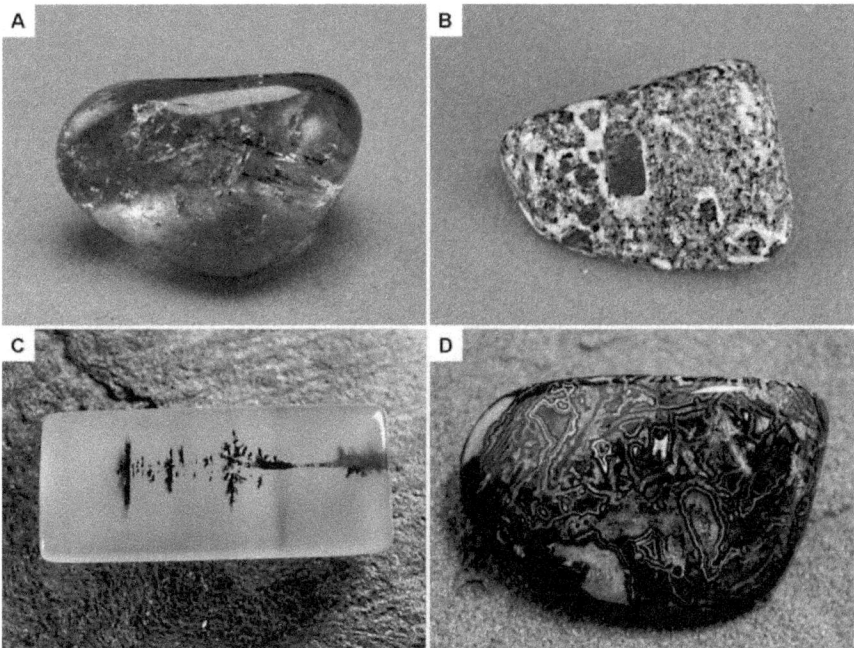

Abb. 11: *Farbgruppensteine, Fortsetzung.* **A)** *Ametrin, lila/gelb, ein Vertreter der Blütenfarben;* **B)** *Rubingneis, rot/schwarz/weiß, entspricht den Nachtfarben. Edelsteine der Steinfarben in schwarz/grau/weiß sind* **C)** *Baumstein oder Dendritenachat und* **D)** *Black-Lace-Achat.*

Sie können die Ergebnisse der beiden beschriebenen Möglichkeiten der Farbgruppenermittlung kombinieren. Es ist oft spannend, welche Unterschiede oder Gemeinsamkeiten dabei herauskommen. Falls Sie sowohl von der Seite der Farbpsychologie als auch basierend auf den Assoziationen der Bezeichnung dieselbe Farbgruppe ermitteln, so ist dies ein starkes Signal und Sie sollten die entsprechenden Edelsteine in die engere Wahl nehmen.

Härte

Es wird oft von harten und weichen Menschen oder Charakteren gesprochen. Gemeint ist damit in der Regel, wie jemand mit sich und seinen Mitmenschen umgeht, welche Ansprüche und Forderungen an sich selbst und an andere gestellt werden. Außerdem geht es um die Reaktion auf Fehler, Macken, Vergehen, Bitten oder Wünsche. Der harte Charaktertyp ist überwiegend leistungsorientiert, streng, gerecht, anspruchsvoll, fordernd und prinzipientreu. Weiche Menschen haben entgegengesetzte Eigenschaften und sind mitfühlend, nachgiebig, sozial, hilfsbereit, verständnisvoll, bescheiden, altruistisch und nachsichtig.

Die Härte von Kristallen und Mineralen wird im Allgemeinen mit Hilfe der **Mohs'schen Härteskala** (kurz: Mohshärte) angegeben, bei der es sich um eine Ritzhärte handelt. Ein Mineral kann alle weicheren ritzen und wird von den härteren geritzt. Die Skala enthält 10 Grade (Tab. 4). Mohshärte 1 ist sehr weich, die Minerale kann man in der Regel mit der Haut der Fingerkuppe abreiben. Härte 2 ist immer noch weicher als ein Fingernagel. Mohshärte 10 entspricht dem härtesten bekannten Mineral, und das ist Diamant. Fensterglas hat ungefähr Härte 5, Quarz entspricht der Mohshärte 7; der überwiegende Teil der Edelsteine fällt bezüglich der Ritzhärte in diesen mittleren Bereich.

Härtegrad	Mineral	Härtegrad	Mineral
1	Talk	6	Feldspat
2	Gips	7	Quarz
3	Calcit	8	Topas
4	Fluorit	9	Korund
5	Apatit	10	Diamant

Tab. 4: Die 10 Referenzminerale der Mohs'schen Härteskala, bereits Anfang des 19. Jahrhunderts von dem österreichischen Mineralogen Friedrich Mohs definiert.

Wenn Sie sich hauptsächlich durch **harte** Charakterzüge kennzeichnen, so entsprechen Ihnen Edelsteine, die härter als Quarz sind. Sind Sie dagegen ein **weicher** Charaktertyp, so sollten Sie einen Edelstein wählen, der weicher als Glas ist.

Beispiele für harte Edelsteine (Mohshärte > 7):
Alexandrit, Andalusit, Beryll-Gruppe, Chrysoberyll, Diamant, Dumortierit, Euklas, Hyazinth, Jargon, Korund-Gruppe, Moissanit, Pezzottait, Phenakit, Pyrop, Rhodizit, Sapphirin, Spinell, Taaffeit, Topas, Zirkon.

Beispiele für weiche Edelsteine (Mohshärte < 5):
Angelit, Aragonit, Astrophyllit, Azurit, Baryt, Bernstein, Calcit, Cerussit, Chrysanthemenstein, Chrysokoll, Chytha, Coelestin, Covellin, Cuprit, Dolomit, Fluorit, Fuchsit, Gagat, Howlith, Klinoptilolith, Kopal, Koralle, Lepidolith, Magnesit, Malachit, Onyxmarmor, Perle, Perlmutt, Phosphosiderit, Rhodochrosit, Schalenblende, Schlangenstein, Selenit, Septarie, Seraphinit, Serpentin, Shattuckit, Shungit, Sphalerit, Stichtit, Stilbit, Stromatolith, Verdit, Zebramarmor, Zinkit, Zitronenchrysopras.

Abb. 12: *Harte Edelsteine sind* **A)** *Chrysoberyll, typisch ist seine leicht grünstichige gelbe Farbe;* **B)** *Rubin. Weiche Edelsteine sind* **C)** *Dolomit;* **D)** *Selenit*

Stadt oder Land

Es gibt Menschen, die viele andere um sich herum brauchen, gerne kommunizieren, Partys mögen, kulturelle Vielfalt, ein umfangreiches Freizeitangebot wünschen. Sie leben am liebsten in einer Stadt und genießen die Nähe und schnelle Erreichbarkeit der zahlreichen Events. Andere Menschen dagegen brauchen Ruhe, viel Luft zum atmen, viel Platz, um sich nach ihrem Ermessen einzurichten und fühlen sich in der Natur am wohlsten. Sie leben bevorzugt auf dem Land oder in einem kleinen Ort, der landschaftliche Reize bietet. Schließlich gibt es Menschen, die einen Kompromiss suchen und sich am liebsten an der Peripherie ansiedeln. Sie wollen die Vorteile beider Lebensweisen vereinen, die sie in unmittelbarer Nähe zu einer großen Stadt suchen. Hauptmerkmal des Stadt- oder Landlebens ist die Anzahl der Menschen, die ihnen im direkten Umfeld begegnen, oder wie es in der Psychologie auch genannt wird, die **soziale Dichte**.

In der Steinwelt gibt es ebenfalls den Begriff der Dichte, gemeint ist damit die Nähe der Atome in einer Kristallstruktur bzw. wie stark die Materie verdichtet ist. Die Dichte wird in Gramm pro cm^3 angegeben, die meisten Steine liegen in einem Bereich von 2,6 bis 3,2 g/cm^3. Wenn Sie zu den Menschen gehören, die in einer Stadt leben (möchten), dann wird dieser Wunsch von Edelsteinen mit einer hohen Dichte (> 3,2) repräsentiert. Sind Sie dagegen jemand, der lieber auf dem Land wohnt, so wird dies durch Edelsteine mit einer geringen Dichte (< 2,6) symbolisiert. Für alle anderen, die bezüglich der sozialen Dichte den Kompromiss schätzen, kommt die Mehrheit der Edelsteine im mittleren Dichtebereich in Frage.

Beispiele für Edelsteine mit hoher Dichte (> 3,2 g/cm^3):
Alexandrit, Astrophyllit, Axinit, Azurit, Baddeleyit, Baryt, Benitoit, Cassiterit, Cerussit, Chalkopyrit, Chromdiopsid, Chrysoberyll, Coelestin, Covellin, Cuprit, Diamant, Diaspor, Dioptas, Dumortierit, Eklogit, Epidot, Granat-Gruppe, Hämatit, Hemimorphit, Hyazinth, Hypersthen, Korund-Gruppe, Kyanit, Magnetit, Malachit, Oktaedrit, Peridot, Piemontit, Psilomelan, Purpurit, Pyrit, Rhodizit, Rhodochrosit, Rhodonit, Rutil, Sapphirin, Schalenblende, Scheelit, Shattuckit, Sinhalit, Smithsonit, Sphalerit, Spinell, Staurolith, Taaffeit,

Tansanit, Thulit, Tigereisen, Titanit, Topas, Tsesit, Vesuvian, Zinkit, Zirkon.

Beispiele für Edelsteine mit niedriger Dichte (< 2,6 g/cm3):
Alabaster, Apophyllit, Bernstein, Chrysokoll, Gagat, Hauyn, Howlith, Iolith, Klinoptilolith, Kopal, Lasurit, Lava, Moldavit, Obsidian, Opal-Gruppe, Petalit, Selenit, Serpentin, Shungit, Skolezit, Sodalith, Stichtit, Stilbit, Tektit, Thomsonit, Tugtupit, Ulexit, Variscit.

Abb. 13: *Edelsteine unterschiedlicher Dichte. Beispiele für Steine mit hoher Dichte sind **A)** Peridot und **B)** Pyrit. Eine geringe Dichte haben **C)** Stichtit-Serpentinit und **D)** Variscit.*

Spezialisierung

In diesem Kapitel geht es um den Grad der Vielfalt, den jemand in seinem Berufs- und Privatleben bezüglich seiner Ausbildung, Aufgaben oder Interessen hat. Einige Menschen haben ein gutes Allgemeinwissen, eine breite Bildung, übernehmen beruflich viele unterschiedliche Aufgaben, beschäftigen sich mit vielen Hobbys und haben zahlreiche Interessen. Sie sind sehr vielfältig oder so genannte Allrounder. Andere Menschen entfalten nur für wenige Themen Interesse, wollen aber möglichst tiefe Einblicke gewinnen. Sie haben einen hochspezialisierten Beruf, ein intensiv betriebenes Hobby und in einem oder wenigen Bereichen viel Detailwissen. Natürlich gibt es zwischen den beiden beschriebenen Extremen zahlreiche Übergänge, in den meisten Fällen wird aber eine deutliche Tendenz erkennbar sein. Bei der Beurteilung ob Sie Allrounder oder Spezialist sind, sollten Sie mehr nach dem Wunsch gehen, insbesondere wenn es um den Beruf geht. Schließlich haben viele Menschen nicht den Job, den sie gerne hätten, sondern mussten einen ergreifen, der ihnen den Lebensunterhalt sichert.

Manche Minerale sind sehr häufig, sie sind maßgeblich am Aufbau der Erdkruste beteiligt und können in einem weiten Bereich geologischer und geochemischer Bedingungen entstehen. Sie können flexibel auf den Chemismus des Umfelds reagieren und eine Vielzahl von Elementen ins Kristallgitter einbauen, so dass sie in vielen und teilweise recht unterschiedlichen Gesteinsarten vorkommen. Sie sind die Allrounder in der Welt der Steine. Andere Minerale können sich nur unter eng begrenzten Bedingungen bilden, sie sind entsprechend seltener und man findet sie nur in speziellen geologischen Milieus.

Ähnliches gilt für Gesteine, bei denen einige Arten wie Granit, Basalt, Rhyolith, Kalkstein, Gneis oder Schiefer rund um den Globus in unzähligen und ausgedehnten Vorkommen anzutreffen sind. Andere Gesteine sind ungewöhnlich zusammengesetzt und finden sich nur an wenigen Orten der Welt.

Was Edelsteine betrifft, so muss man bemerken, dass sie alle mehr oder weniger selten sind, sonst wären sie nicht so geschätzt und wertvoll, selbst wenn es diesbezüglich große Unterschiede gibt. Entscheidend für die Einstufung als häufiger Edelstein ist einerseits die Zugehörigkeit zu einer der vier bedeutendsten Mineralgruppen (Feldspat, Pyroxen, Amphibol und Glimmer) oder zum weltweit verbreiteten Mineral Quarz. Zusammen bilden sie mehr als 80 % der Erdkruste. Die Edelsteine, die sich aus den wichtigsten **gesteinsbildenden** Mineralen ableiten, sind in Tab. 5 aufgeführt. Beachten Sie, dass es beim Quarz drei Wachstumsvarietäten (grobkristallin, feinfaserig, feinkörnig) gibt, die jeweils ihre Farbvarietäten haben.

Mineral(gruppe)	Edelsteine
Amphibol	Anthophyllit, Richterit, Rhodusit, Nephrit, Smaragdit
Feldspat	Amazonit, Labradorit, Mondstein, Orthoklas, Sanidin, Sonnenstein, Spectrolith
Glimmer	Fuchsit, Lepidolith
Pyroxen	Bronzit, Chromdiopsid, Diopsid, Enstatit, Hypersthen, Jadeit
Quarz	Grobkristallin: Amethyst, Ametrin, Aventurin, Bergkristall, Blauquarz, Citrin, Chevronquarz, Falkenauge, Morion, Prasem, Prasiolith, Quarz-Katzenauge, Rauchquarz, Rosenquarz, Rutilquarz, Schneequarz, Tigerauge, Turmalinquarz Feinfaserig: Chalcedon, Chrysopras, Karneol, Onyx, Sarder, Sardonyx, sowie alle Arten von Achat Feinkörnig: Heliotrop, Mookait, Plasma, außerdem alle Sorten von Jaspis

Tab. 5: Die wichtigsten gesteinsbildenden Minerale und die dazugehörenden Edelsteine

Es gibt weitere häufige Minerale, die zwar nicht so maßgeblich am Aufbau der Erdkruste beteiligt sind, dennoch kommen sie als Nebengemengteil in den meisten Gesteinen vor oder sind aus anderen Gründen von besonderer Bedeutung. Der klassische Fall eines in Spuren fast allgegenwärtigen Minerals ist Apatit. Er ist der mit Abstand wichtigste Phosphatträger des Mineralreichs, entsteht unter den unterschiedlichsten Bedingungen und ist in geringen Mengen in den allermeisten Gesteinen anzutreffen. Ein anderes besonderes Mineral ist Calcit. Er ist der wesentliche und manchmal einzige Bestandteil von Kalksteinen und Marmoren und kommt in vielen weiteren insbesondere sedimentären

Gesteinen vor. Ferner ist er ein wichtiger Skelettbildner im Tier- und Pflanzenreich (z. B. Muschelschalen).

Ähnliches gilt für Edelsteine, die zu den Gesteinen gehören. Handelt es sich um ein sehr gängiges Gestein oder eine Unterart bzw. einen engen Verwandten, wird der Edelstein den Allroundern zugeordnet. So sind z. B. Chrysanthemenstein und Onyxmarmor Unterarten des Kalksteins. Bei Leopardenstein und Regenwaldstein handelt es sich um Unterarten des Rhyoliths, der zu den dominierenden leukokraten (kieselsäurereichen) Vulkaniten auf der Erde gehört. Und Larvikit ähnelt in Bezug auf Zusammensetzung und Entstehung den Graniten. Die genannten Edelsteine müssen daher als häufig angesehen werden. In diese Kategorie fällt auch Jade, ein Überbegriff für Edelsteine, deren Hauptgemengteil Jadeit oder Nephrit ist. Gemäß Tab. 5 gehören diese zu den wichtigsten gesteinsbildenden Mineralgruppen.

Demgegenüber gelten natürliche Gesteinsgläser (Obsidian) als selten, obwohl sie in einigen Vulkanen häufig sind. Im globalen Vergleich mit anderen Gesteinsarten sind sie jedoch wesentlich seltener. Schließlich strebt die Natur danach, ihre Materie zu kristallisieren, amorphe Steine sind in diesem Sinne exotisch und entstehen unter recht speziellen Voraussetzungen und Bedingungen. Ein sehr seltener Edelstein ist Anyolit, der mit seiner ungewöhnlichen mineralogischen Zusammensetzung und dem einzigen bisher bekannten Fundort in Tansania ein geradezu exotisches Gestein ist. Zu den Spezialisten gehören ferner Edelsteine aus organischer Substanz, wie etwa Bernstein (fossiles Baumharz) oder Gagat (inkohlte Pflanzenteile). Man muss davon ausgehen, dass der allergrößte Teil der Biomasse, der jemals auf der Erde existierte, verweste. Nur ein kleiner Teil konnte der Verwesung entgehen und unter ganz speziellen Bedingungen in Gesteinsabfolgen eingebaut werden und über viele Millionen von Jahren erhalten bleiben.

Wenn Sie ein **Allrounder** sind, sollten Sie sich mit den häufigen Mineralen und Gesteinen identifizieren. Sind Sie dagegen ein **Spezialist**, sind für Sie die seltenen, auf spezielle Bedingungen beschränkte Minerale und Gesteine als Edelsteine geeignet.

Beispiele für Edelsteine, die sich aus den häufigsten Mineralen und Gesteinen ableiten:
- Vertreter und Varietäten der häufigsten gesteinsbildenden Minerale (siehe Tab. 5)
- Weitere Minerale, die in vielen Gesteinen als Nebengemengteile oder in Spuren vorkommen: Apatit, Calcit, Hämatit, Zirkon
- Die gängigsten Gesteine sowie ihre Unterarten: Augendiorit, Catlinit, Chloromelanit, Chrysanthemenstein, Dalmatinerstein, Dr.-Liesegang-Stein, Feuerstein, Gabbro, Galaxyit, Gneis, Jade, Landschaftsstein, Larvikit, Leopardenstein, Lava, Onyxmarmor, Porphyr, Rapakivi-Granit, Regenwaldstein, Schriftgranit, Zebramarmor.

Abb. 14: Allrounder unter den Edelsteinen sind **A)** Apatit, das häufigste Phosphat-Mineral, in der besonders geschätzten tintenblauen Farbe, **B)** Nephrit, ein Vertreter der in der Erdkruste sehr häufigen Amphibole, gehört zu den Jadearten. Spezialisten sind **C)** Sinhalit, typisch ist die bräunlich gelbe Farbe mit Pleochroismus ins gelbgrün, **D)** Sugilith, nur von wenigen Orten der Erde bekannt.

Beispiele für seltene und spezielle Edelsteine:
Alexandrit, Amblygonit, Anyolit, Astrophyllit, Baddeleyit, Benitoit, Bernstein, Beryll-Gruppe, Beryllonit, Brasilianit, Charoit, Chrysoberyll, Danburit, Diamant, Dioptas, Eldarit, Euklas, Fulgurit, Gagat, Hiddenit, Hilutit, Howlith, Jeremejewit, Klinohumit, Kornerupin, Kunzit, Lapislazuli, Lazulith, Moissanit, Moldavit, Nunderit, Nuumit, Obsidian, Oktaedrit, Opal-Gruppe, Pallasit, Petalit, Pezzottait, Phenakit, Phosphosiderit, Rhodizit, Schalenblende, Shattuckit, Shungit, Sinhalit, Stichtit, Sugilith, Taaffeit, Tektit, Tigereisen, Triphan, Tsesit, Tugtupit, Ulexit, Zinkit.

Lebenszentrum

Unter einem Lebenszentrum ist die räumliche und emotionale Ausrichtung des eigenen Lebens auf einen gleichbleibenden Bereich der Erde gemeint. Wenn Sie ein Lebenszentrum besitzen, dann fühlen Sie sich Ihrer Region stark verbunden und an Ihrem Wohnort verwurzelt. Sie legen Wert darauf, in Ihrem gewohnten sozialen Umfeld zu leben, also nach Möglichkeit in der Nähe der Familie oder der besten Freunde. Sie ziehen ungerne um und versuchen, sich langfristig einzurichten. Vielleicht pflegen Sie regionale Bräuche oder sprechen seit Kindertagen einen Dialekt.

Wenn Sie sich keiner Region zugehörig fühlen, keine Verwurzelung empfinden und vielleicht sogar gerne umziehen, dann haben Sie kein Lebenszentrum. Dies gilt insbesondere, wenn Sie sich als Weltbürger sehen, an vielen Orten soziale Kontakte knüpfen wollen und sich überall zu Hause fühlen können, wo es Ihnen gefällt.

Das Lebenszentrum wird bei Edelsteinen durch das **Symmetriezentrum** repräsentiert. Abb. 15 verdeutlicht was man darunter versteht. Es handelt sich um eine Spiegelung von Kristallelementen an einem Punkt. Alle Kanten und Ecken eines Kristalls haben in gleicher Entfernung vom Mittelpunkt äquivalente Gegenstücke. Damit bezieht sich der geometrische Körper auf einen räumlichen Punkt, solche Kristalle werden zentrisch genannt. Wenn äquivalente Elemente fehlen, wie im Fall einer Pyramide, die nur eine Spitze hat, ist der Kristall azentrisch. Alle Kristallformen lassen sich eindeutig zuordnen, so ist beispielsweise ein Tetraeder azentrisch, weil sich gegenüber jeder Spitze eine Fläche befindet. Ein Oktaeder hat gegenüberliegende Paare von Kristallspitzen, damit ist diese Form zentrisch.

Kristallstrukturen werden nach ihrer Symmetrie in 7 Systeme und 32 Klassen eingeteilt. In jedem System gibt es sowohl zentrische als auch azentrische Klassen. Insgesamt existieren 11 Kristallklassen mit und 21 ohne Symmetriezentrum. Allerdings werden in der Natur die hochsymmetrischen Strukturen (mit Symmetriezentrum) häufiger verwirklicht, so dass es insgesamt mehr zentrische Minerale gibt. Auch in der Welt der Edelsteine sind die zentrischen häufiger vertreten, obwohl der azentrische

Quarz, der mit großem Abstand die meisten Varietäten besitzt, das Ungleichgewicht ein wenig kompensiert.

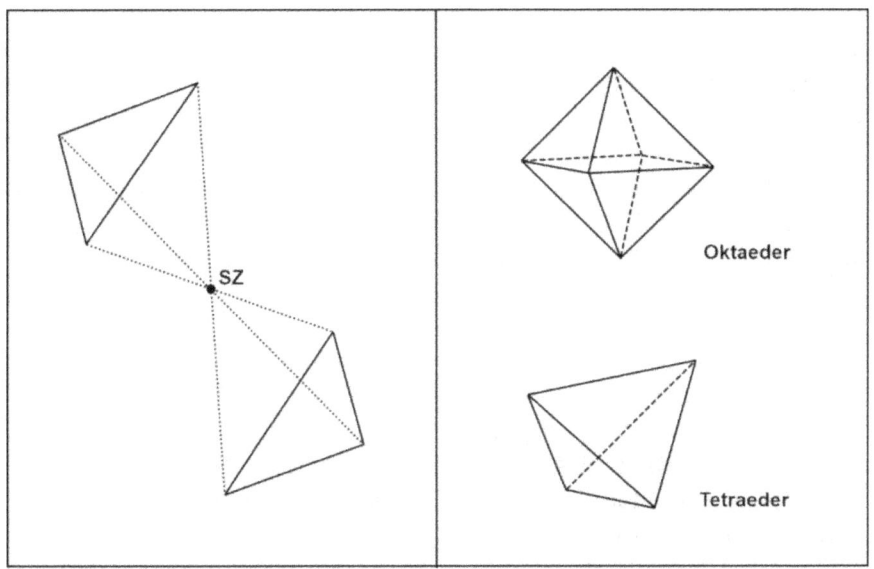

Abb. 15: *Links eine schematische Darstellung des Symmetriezentrums (SZ), wobei alle Ecken einer Fläche auf der anderen Seite im gleichen Abstand äquivalente Gegenstücke haben. Rechts zwei Formen: Oktaeder (zentrisch), Tetraeder (azentrisch).*

Beachten Sie bitte, dass amorphe Steine keine Kristallstruktur haben, die Frage nach einem Symmetriezentrum entfällt. Damit sind amorphe Steine weder zentrisch noch azentrisch. Edelsteine, die aus mehreren Mineralen aufgebaut sind, d.h. Gesteinen entsprechen, sollten hier in der Regel nicht berücksichtigt werden, da in einem Gestein mehrere Kristallstrukturen vorkommen. Es sei denn, es ist sichergestellt, dass die in dem Gestein vertretenen Minerale alle zentrisch oder alle azentrisch sind. So besteht zum Beispiel Azurmalachit grundsätzlich aus den Mineralen Azurit und Malachit, die beide zentrisch sind, so dass dieses Gestein ebenfalls dieser Klasse zugeordnet werden darf. Dagegen ist Schalenblende ein azentrisches Gestein, da es im Wesentlichen aus den beiden azentrischen Mineralen Sphalerit und Wurtzit besteht.

Das Paradebeispiel eines azentrischen Edelsteins ist Hemimorphit, da bereits sein Name auf diese Tatsache hinweist. Unter **Hemimorphie** versteht der Kristallograph die Abwesenheit einer Spiegelebene senkrecht zur Hauptachse, was gleichbedeutend mit dem Fehlen eines Symmetriezentrums ist. Damit ist Hemimorphit der ideale Persönlichkeitsstein für Menschen mit einer besonders stark ausgeprägten Empfindung als Weltbürger.

Zentrische Edelsteine sind für Menschen geeignet, die **verwurzelt** und heimatverbunden sind und damit ein Lebenszentrum besitzen. Demgegenüber entsprechen azentrische Kristalle den **kosmopolitisch** gesinnten Personen, die kein Lebenszentrum haben.

Beispiele für Edelsteine mit Symmetriezentrum:
Alexandrit, Amblygonit, Amphibol-Gruppe, Andalusit, Angelit, Apatit, Apophyllit, Aragonit, Astrophyllit, Axinit, Azurit, Azurmalachit, Baddeleyit, Baryt, Beryllonit, Beryll-Gruppe, Brasilianit, Calcit, Californit, Cassiterit, Cerussit, Charoit, Chiastolith, Chrysoberyll, Coelestin, Covellin, Cuprit, Danburit, Diamant, Diaspor, Dioptas, Dolomit, Dumortierit, Eldarit, Epidot, Euklas, Feldspat-Gruppe, Fluorit, Fuchsit, Gabbro, Granat-Gruppe, Hämatit, Hiddenit, Howlith, Iolith, Jeremejewit, Klinohumit, Klinoptilolith, Kornerupin, Korund-Gruppe, Kunzit, Kyanit, Larimar, Lazulith, Magnesit, Magnetit, Malachit, Peridot, Perle, Petalit, Phenakit, Piemontit, Pinolith, Phosphosiderit, Purpurit, Pyrit, Pyroxen-Gruppe, Rhodochrosit, Rhodonit, Rubin-Fuchsit, Rutil, Sapphirin, Scheelit, Selenit, Seraphinit, Shattuckit, Sillimanit, Sinhalit, Skapolith, Smithsonit, Spinell, Staurolith, Stichtit, Stilbit, Sugilith, Tansanit, Thomsonit, Thulit, Titanit, Topas, Triphan, Türkis, Ulexit, Variscit, Vesuvian, Zirkon-Gruppe.

Beispiele für Edelsteine ohne Symmetriezentrum:
Benitoit, Chalkopyrit, Hauyn, Hemimorphit, Lasurit, Moissanit, Pezzottait, Prehnit, Quarz-Gruppe, Rhodizit, Schalenblende, Skolezit, Sodalith, Sphalerit, Taaffeit, Tugtupit, Turmalin-Gruppe, Zinkit.

Abb. 16: Zentrizität der Edelsteine: Ein Symmetriezentrum haben **A)** Dumortierit, **B)** Rhodonit und **C)** Magnesit. Azentrische Steine sind **D)** Lapislazuli, **E)** Prehnit, besonders begehrt in hellgrüner Farbe, sowie **F)** Turmalinquarz, bestehend aus einer Verwachsung von zwei azentrischen Mineralen, nämlich schwarzem Turmalin und Quarz (Bergkristall).

Introversion und Extraversion

Die beiden Begriffe bezeichnen die Art und Weise, wie ein Mensch mit seiner Umwelt interagiert sowie die Zugewandtheit seines Seelenlebens. Der Introvertierte ist nach innen zugewandt, seine Aufmerksamkeit bezieht sich auf ihn selbst. Er ist nachdenklich, sensibel, ruhig und geht oft als Beobachter oder Theoretiker durchs Leben. Zudem braucht er regelmäßig Zeit für sich selbst, fühlt sich in kleinen Gruppen wohl, meidet dagegen Massenveranstaltungen. Der Extrovertierte ist dagegen nach außen zugewandt, seine Aufmerksamkeit bezieht sich auf die Gruppe und seine Mitmenschen. Er ist gesellig, gesprächig, zudem oft energisch und enthusiastisch, und er liebt die Gegenwart vieler Menschen. Allein fühlt er sich schnell gelangweilt und einsam.

Ein Kristall besteht aus vielfachen Wiederholungen gleichartiger atomarer Abfolgen. Die kleinste räumliche Einheit, aus der ein Kristall aufgebaut wird, nennt man **Elementarzelle**. Sie ist der Ziegelstein, wenn man sich den Kristall als Backsteinhaus vorstellt. Bezüglich der **Zentrierung** der Elementarzelle unterscheidet man verschiedene Typen, siehe Abb. 17. Beim primitiven (nicht zentrierten) Typ sitzen die Atome nur an den Ecken, beim innenzentrierten zusätzlich im räumlichen Zentrum, beim flächenzentrierten in der Mitte der Außenflächen. In einer Elementarzelle können wesentlich mehr Atome enthalten sein, als in der Abbildung dargestellt sind. Entscheidend ist, dass das Atom, das sich exakt in Raum- oder Flächenmitte befindet, zur selben Atomart (gleiches chemisches Element) gehört, wie die an den Ecken sitzenden Atome.

Für eine nach innen gerichtete, **introvertierte** Persönlichkeit kommen Edelsteine mit einem innenzentrierten Gitter in Frage. Edelsteine mit einem flächenzentrierten Gitter, bei dem die Atome an den Außenflächen positioniert sind, entsprechen einer **extrovertierten**, nach außen gerichteten Persönlichkeit. Die Mehrzahl der flächenzentrierten Edelsteine ist einseitig, nur wenige allseitig flächenzentriert. Die letztgenannten bieten ein entsprechend starkes Signal und sind besonders für überdurchschnittlich extrovertierte Menschen passende Wegbegleiter.

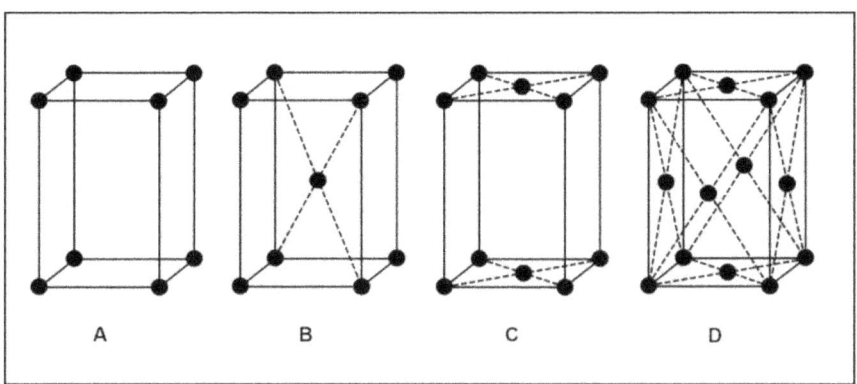

Abb. 17: Beispiele von Elementarzellen bezüglich ihrer Zentrierung. Die schwarzen Kreise markieren die Positionen der Atome desselben chemischen Elements. **A)** primitiv, was einem nicht-zentrierten Kristallgitter entspricht; **B)** innenzentriert; **C)** einseitig flächenzentriert; **D)** flächenzentriert.

Abb. 18: Edelsteine mit zentriertem Kristallgitter. Innenzentriert sind **A)** Chalkopyrit, beachtenswert sind die blauen und violetten Anlauffarben, sowie **B)** Zirkon. **C)** Kornerupin, einseitig flächenzentriert; **D)** Fluorit, flächenzentriert.

Beispiele für innenzentrierte Edelsteine:
Chalkopyrit, Granat-Gruppe, Hemimorphit, Hyazinth, Jargon, Scheelit, Skapolith, Tugtupit, Zirkon.

Beispiele für einseitig flächenzentrierte Edelsteine:
Alabaster, Amazonit, Angelit, Chromdiopsid, Diopsid, Fuchsit, Iolith, Jadeit, Klinoptilolith, Kornerupin, Lepidolith, Nephrit, Rhodusit, Richterit, Sanidin, Selenit, Seraphinit, Skolezit, Stilbit, Smaragdit, Spodumen-Gruppe, Staurolith, Wassersaphir.

Beispiele für flächenzentrierte Edelsteine:
Diamant, Fluorit, Magnetit, Sphalerit, Spinell.

Konstanz und Variabilität

Bei manchen Menschen verläuft das Lebens sehr konstant. Sie sind jahrzehntelang in demselben Job, ebenso lange mit demselben Partner verheiratet und ihr Leben verläuft auch sonst im ruhigen Fahrwasser mit wenig Veränderung, dafür festen Gewohnheiten, Traditionen und mehr oder weniger gleichem Freundeskreis. Bei anderen geht es dagegen ständig drunter und drüber, sie haben laufend Neuerungen und die einzige Konstante in ihrem Leben ist die Veränderung.

Ähnliches gilt für die optischen Eigenschaften von Mineralen. Wird bei bestimmten Kristallen die Brechung oder Absorption von Licht gemessen, so erhält man immer den gleichen Wert, unabhängig davon auf welcher Kristallfläche die Eigenschaft gemessen wurde und auch unabhängig von der Richtung, welche der Lichtstrahl durch den Kristall genommen hat. Solche Steine sind damit richtungsunabhängig, oder **isotrop**. Bei anderen Kristallen verändert sich der Wert einer Eigenschaft in Abhängigkeit von der Beobachtungsrichtung. Diese Steine werden als richtungsabhängig oder **anisotrop** bezeichnet.

Ein besonders augenfälliger anisotroper Effekt ist der **Pleochroismus**. Dabei wechselt ein Edelstein seine Farbe, je nach dem aus welcher Richtung Sie ihn anschauen. Farbe entsteht in der Regel durch Absorption bestimmter Wellenlängen des Lichts, die sichtbare Farbe setzt sich aus den nicht absorbierten Wellenlängen zusammen. Der Pleochroismus ist damit eine Folge unterschiedlichen Absorptionsverhaltens, abhängig von der Richtung, die der Lichtstrahl durch den Kristall nimmt. Pleochroismus ist in Mineralen häufig, allerdings in den meisten Fällen so schwach, dass man ihn mit dem bloßen Auge kaum erkennen kann. Er kann prinzipiell in allen Mineralen auftreten, die weder dem kubischen Kristallsystem angehören noch amorph sind.

Es gibt noch weitere Möglichkeiten, warum ein Stein sein Aussehen ändern kann. Ein submikroskopischer lagenförmiger Aufbau, sei es durch Domänen wechselnder Zusammensetzung oder strukturelle Elemente, führt dazu, dass einfallendes Licht an jeder Lagengrenze gebrochen oder reflektiert wird. Bei Austritt des Lichtstrahls überlagern sich die Lichtwellen, die an verschiedenen Lamellen reflektiert wurden, wobei es zur Interferenz (Überlagerung) kommt. Dabei können bestimmte Wellenlängen ausgelöscht, andere verstärkt werden. Die Zusammensetzung des Lichts entspricht dann nicht mehr dem Spektrum des weißen Lichts und so wird eine **Interferenzfarbe** sichtbar. Diese ist nur in bestimmten Blickrichtungen auf den Edelstein zu sehen, in denen die geometrischen Verhältnisse zur Interferenz im sichtbaren Lichtspektrum vorliegen (siehe Abb. 19). Ist die Gangdifferenz zu klein oder zu groß, bedingt durch einen zu steilen oder zu flachen Einfallswinkel, liegt die Wellenlänge der Interferenz außerhalb des sichtbaren Spektrums; in diesem Fall ist keine Farbe zu sehen. Das gleiche passiert, wenn die Abstände der reflektierenden Lagen zu groß oder zu klein sind.

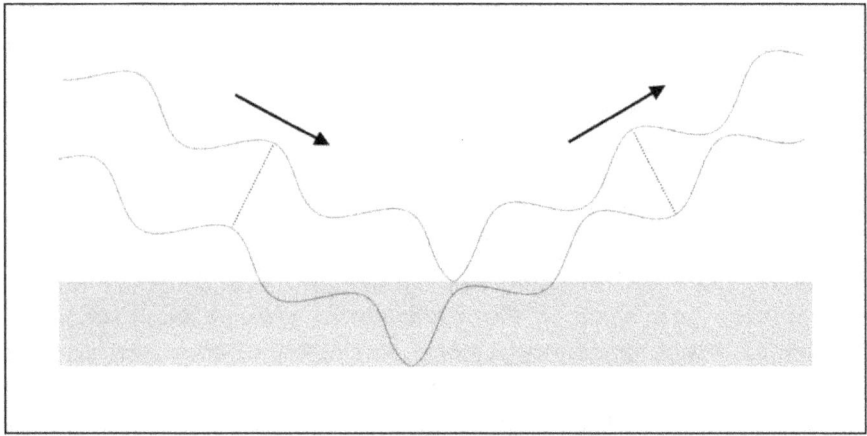

Abb. 19: Entstehung von Interferenzfarben. Gleichförmig schwingende Lichtwellen werden an unterschiedlichen interkristallinen Grenzflächen reflektiert. Die untere Lichtwelle legt einen etwas längeren Weg zurück (Gangdifferenz), so dass sich die Wellenphase verschiebt. Wenn die Gangdifferenz der halben Wellenlänge entspricht, überlagern sich Wellental und Wellenberg. Die Lichtwellen neutralisieren sich, die entsprechende Farbe verschwindet aus dem Spektrum.

Typischerweise kommen Interferenzfarben in einigen Kristallen der Feldspäte vor. Die bei hohen Temperaturen entstandenen Mischkristalle können bei langsamer Abkühlung wieder entmischen. So entstehen im Kristall submikroskopisch winzige lamellenförmige Domänen, die sich in ihrer Zusammensetzung leicht unterscheiden und an deren Grenzen Licht reflektiert wird. Labradorit ist der Edelstein der Feldspat-Gruppe mit besonders kräftiger Interferenzfarbe. Sind gleichzeitig mehrere Farben sichtbar, wird der Stein oft als Spectrolith bezeichnet.

Reflexionen an gröberen Strukturen führen zwar zu keiner Interferenz, jedoch kann das Ergebnis Ähnlichkeiten aufweisen. Enthält ein Stein tafelige Einschlüsse bzw. Einlagerungen, blättrige Absonderungen oder setzt sich aus unterschiedlich orientierten Verwachsungen zusammen, wird an den glatten Flächen Licht gespiegelt. Dies geschieht aber nur in bestimmten Winkeln zur Lichtquelle. Dreht man so einen Edelstein in der Hand, kommt es mal an der einen, mal an einer anderen Stelle zur Reflexion. Damit offenbart sich ein veränderliches Aussehen des betreffenden Steins. In der Regel sieht man in diesem Fall keine so bunten Farben, die Reflexionen sind meistens silbern oder entsprechen ungefähr der Farbe des reflektierenden Minerals.

Ein seltener aber sehr eindrucksvoller Farbwechsel ist das so genannte **Changieren,** das mitunter auch als Alexandrit-Effekt bezeichnet wird. Dabei zeigt ein Stein bei Tageslicht eine andere Farbe als bei Kunstlicht. Wobei unter Kunstlicht eine Kerze oder die klassische Glühbirne gemeint ist, moderne LEDs oder Energiesparlampen haben nicht das richtige Spektrum. Das Changieren ist im wertvollen Edelstein Alexandrit (Chrysoberyll-Varietät) verwirklicht, der bei Tageslicht grün, bei Kunstlicht rot bis violett ist. Es sind weitere changierende Edelsteine bekannt, bei denen der Farbwechsel oft schwächer ausgebildet und bezüglich der konkreten Farben nicht definiert ist. Besonders interessant sind Vertreter der Granat-Gruppe, die je nach Zusammensetzung verschiedene Farben offenbaren. Es existieren auch Granate, die ganz deutlich den typischen Alexandrit-Farbwechsel (grün nach rot) zeigen. Changierende Edelsteine, die keine Varietäten des Chrysoberylls sind, werden mit dem Zusatz „CC" oder „colour change" versehen.

Ein anderer und besonders seltener Farbwechsel ist unter der Bezeichnung **photochromatischer Effekt** bekannt. Bestimmte Lichtwellen verändern die Position schwach gebundener Elektronen in einem Kristallgitter und beeinflussen auf diese Weise die Absorption von Licht und damit die sichtbare Farbe. Der Farbwechsel tritt hierbei nicht sofort sein, sondern benötigt eine Einwirkungsdauer, die je nach Stein und Lichtintensität Minuten bis Wochen betragen kann. Der seltene Edelstein Hackmanit offenbart den beschriebenen Effekt. Die Farbe, die sich durch Lagerung des Steins im Dunkeln einstellt, wird bei Exposition im UV- bzw. Tageslicht verändert. Der photochromatische Effekt ist reversibel, d.h. der Farbwechsel kann beliebig oft wiederholt werden. Dazu muss man den Edelstein abwechselnd im Dunkeln und bei Licht aufbewahren.

Überlegen Sie nun, welchem Lebenslauftyp Sie mehr entsprechen. Hinweise auf ein **konstantes Leben** sind lange Zeiten am selben Wohnort und Arbeitsplatz, lange Partnerschaften, wenige Auslandsreisen, berufliche und private Interessen aus Kindheit/Jugend decken sich noch zum großen Teil mit den heutigen. Außerdem pflegen Sie lange tiefe Freundschaften (teilweise noch aus Kindertagen), haben Sinn für Gebräuche und Traditionen, Streben nach Sicherheit und Stetigkeit. Dieser Lebenslauftyp wird durch optisch isotrope Edelsteine symbolisiert. Diese sind entweder amorph oder gehören dem kubischen Kristallsystem an. Eine Sonderrolle spielt der amorphe Edelopal. Er ist aus winzigen Kügelchen aufgebaut. Ihre regelmäßige Anordnung und einheitliche Größe im Bereich der Wellenlängen des sichtbaren Lichts verursacht Interferenzfarben. Daher kann die Konstanz nur durch die nicht edlen Opalarten, die keine Interferenzfarben zeigen, symbolisiert werden. Edelopal dagegen steht für Variabilität.

> Beispiele für isotrope Edelsteine:
> Andenopal, Bernstein, Chloropal, Cuprit, Diamant, Feueropal, Fluorit, Gagat, Granat-Gruppe, Hauyn, Kopal, Lapislazuli, Magnetit, Moldavit, Obsidian, Prasopal, Pyrit, Rhodizit, Sardopal, Shungit, Sodalith, Sphalerit, Spinell, Tektit.

Hinweise auf ein **variables Leben** sind mehrfache bis häufige Wechsel des Wohnortes, Arbeitsplatzes oder Lebenspartners, viele Reisen oder Auslandsaufenthalte, Wechsel des Berufswunsches zwischen Schule, Studium und Arbeitsleben, häufige Jobwechsel, laufend neue Interessen und Freunde sowie ein allgemeines Streben nach Abwechslung. Dieser Lebenslauftyp wird durch veränderliche Edelsteine repräsentiert, die ihr

Aussehen beim Betrachten wechseln, sei es durch unterschiedliche Blickwinkel oder Lichtverhältnisse.

Beispiele für veränderliche Edelsteine:
- stark pleochroitisch: Andalusit, Axinit, Benitoit, Diaspor, Epidot, Hiddenit, Iolith, Indigolith, Kornerupin, Kunzit, Kyanit, Lazulith, Sapphirin, Sinhalit, Tansanit, Titanit, Verdelith;
- Interferenzfarben und Reflexionen: Ammolith, Anthophyllit, Edelopal, Feuerachat, Galaxyit, Hypersthen, Labradorit, Larvikit, Mondstein, Nuumit, Perlmutt, Regenbogenobsidian, Silberauge, Spectrolith;
- changierend: Alexandrit, Diaspor-CC, Fluorit-CC, Granat-CC;
- photochromatisch: Hackmanit.

Beachten Sie bitte, dass Pleochroismus nur sichtbar ist, wenn der Edelstein vollkommen transparent ist und aus einem einzelnen Kristall geschnitten wurde. Trübe Kristalle enthalten Einschlüsse, an denen das Licht mehrfach gebrochen und reflektiert wird. Steine, die aus mehreren Kristallen zusammengesetzt sind, enthalten unterschiedliche kristallographische Orientierungen. In beiden Fällen passiert das Licht den Stein entlang mehrerer Richtungen und erfährt verschiedene Absorptionsvorgänge, welche zu einer Mischfarbe führen. Der eigentliche Pleochroismus ist in dem Fall kaum oder gar nicht mehr zu sehen.

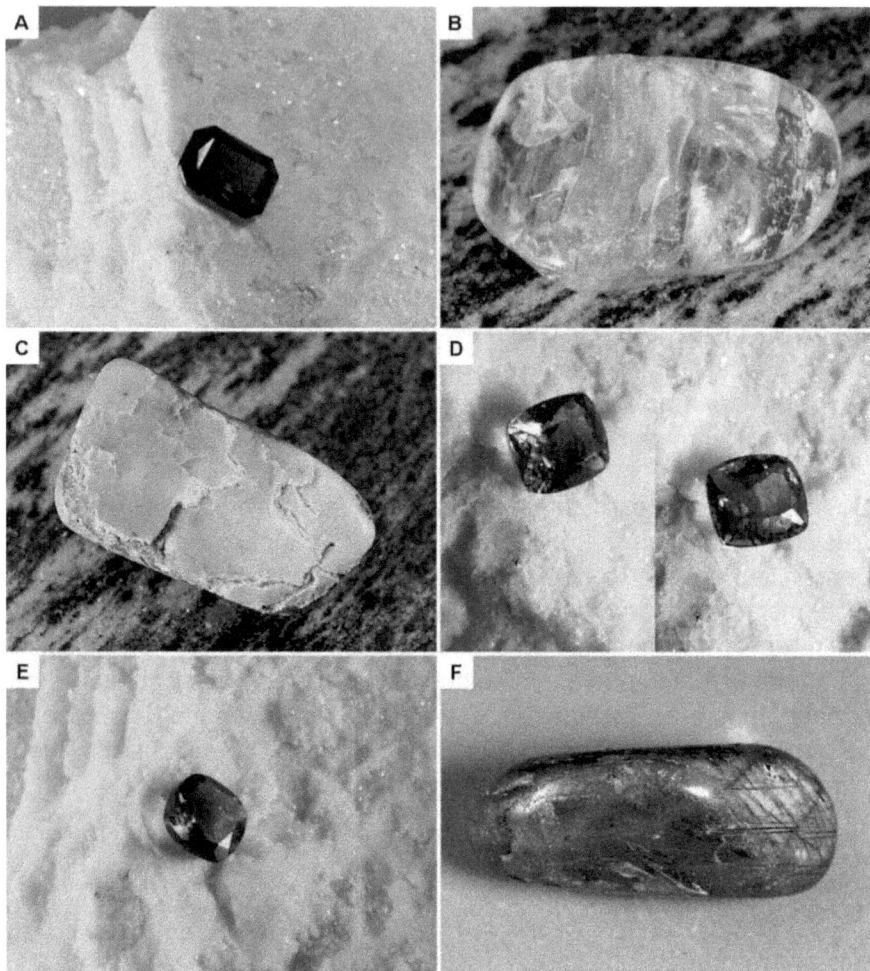

Abb. 20: *Optisch isotrope Edelsteine sind **A)** Rhodolith, Granat-Gruppe, kubisch; **B)** Bernstein, amorph; **C)** Prasopal, amorph. Veränderliche Steine sind **D)** Andalusit, aus verschiedenen Blickwinkeln fotografiert, pleochroitisch von rotbraun nach olivgrün; **E)** Iolith, pleochroitisch von blau nach farblos/gelblich; **F)** Labradorit, je nach Winkel zur Lichtquelle erscheint an bestimmten Stellen blaue Interferenzfarbe.*

Innere und äußere Persönlichkeit

Wenn hier von zwei Persönlichkeitsaspekten eines Menschen gesprochen wird, so sind damit keine pathologischen Zustände gemeint. Vielmehr geht es um den Unterschied zwischen der tatsächlichen (inneren) Persönlichkeit und der scheinbaren, die nach außen sichtbar ist, d. h. wie sie von anderen Menschen wahrgenommen oder vermutet wird. Die beiden Persönlichkeiten können sich (fast) gleichen oder deutlich voneinander unterscheiden.

Manche Menschen geben sich so wie sie sind, so dass der Unterschied zwischen ihrer inneren und äußeren Persönlichkeit gering ist. Die betreffenden Personen werden gemeinhin als authentisch bezeichnet. Sie haben oft eine direkte Art, sagen was sie denken, nehmen kein Blatt vor den Mund und machen gerne das, worauf sie gerade Lust haben. Sie verstellen sich nicht, wollen oder können ihre Gefühle und Launen nicht unterdrücken. Andere Menschen wiederum sind diplomatisch und beherrscht, sie verstellen sich, halten ihre Emotionen zurück, geben sich oft anders als sie wirklich sind, sei es aus Rücksicht oder Taktik. Sie können flunkern, schauspielern oder bluffen, und sie offenbaren ihr wahres Ich nur wenigen eng vertrauten Mitmenschen. Damit besteht ein großer Unterschied zwischen ihrer inneren und äußeren Persönlichkeit.

Um auf die mineralogische Analogie zu kommen, vergegenwärtigen Sie sich zunächst das Verhalten von Licht in Edelsteinen. Die Geschwindigkeit des Lichts ist in einem materiellen Medium (und damit in allen Festkörpern) niedriger als im Vakuum. In der Physik hat es sich eingebürgert, dieses Phänomen mit dem **Brechungsindex** (bzw. Brechwert) zu beschreiben. Dies ist der Quotient aus der Vakuumlichtgeschwindigkeit und der im Festkörper. Ein Brechungsindex von 2 bedeutet, dass sich das Licht im Festkörper nur halb so schnell ausbreitet wie im Vakuum (und näherungsweise in der Luft). Trifft ein Lichtstrahl schräg auf eine Festkörperoberfläche, so erhält er einen „Knick", er wird gebrochen (Abb. 21A). In jedem Edelstein breitet sich das Licht mit einer anderen charakteristischen Geschwindigkeit aus. Die Brechungsindices von Edelsteinen liegen zwischen 1,3 und 3,0; die allermeisten jedoch im mittleren Bereich 1,5 bis 1,9.

Wenn man von isotropen (amorphen und kubischen) Mineralen absieht, zeigt sich noch ein weiterer Effekt, nämlich eine Abhängigkeit des Brechungsindex von der Schwingungsrichtung der Lichtwelle. Das bedeutet, dass sich das Licht in einem Kristall unterschiedlich schnell ausbreitet und dass beim schrägen Auftreffen Lichtstrahlen unterschiedlich stark gebrochen werden, je nachdem wie die Schwingungsrichtung ist. Dieses Phänomen bezeichnet man als **Doppelbrechung** (siehe Abb. 21B) und wird mathematisch als Differenz zwischen dem höchsten und dem niedrigsten Brechungsindex ausgedrückt. Jeder Edelstein hat seine charakteristische Doppelbrechung, die Werte schwanken im Reich der Minerale über eine weite Spanne. Bei einem hohen Wert können Sie die Doppelbrechung mit dem bloßen Auge erkennen. Sie sehen alles doppelt, was sich hinter dem Kristall befindet (siehe Abb. 22E).

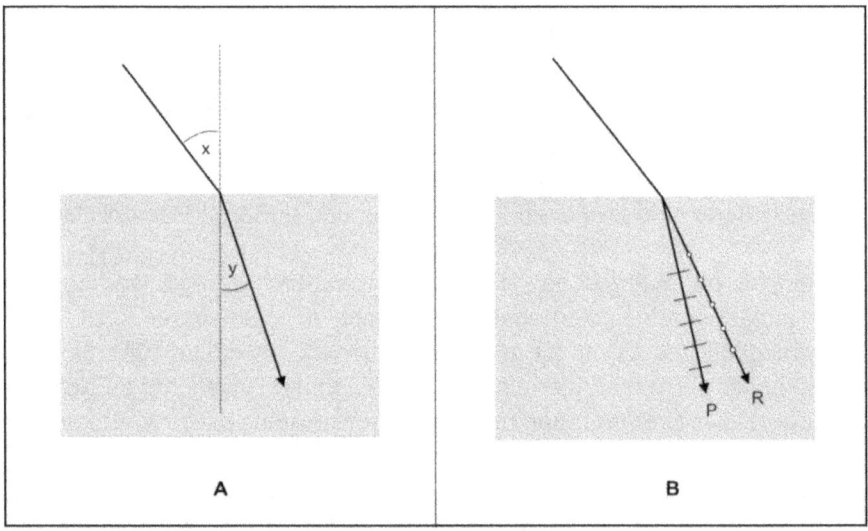

Abb. 21: *Lichtbrechung und Doppelbrechung. A) Beim Eintritt eines Lichtstrahls in einen Festkörper wird dieser gebrochen. Der Brechungsindex n berechnet sich geometrisch aus den Winkeln zum Lot: n = sin(x) / sin(y) oder aus dem Verhältnis der Lichtgeschwindigkeiten: n = c / v; B) Doppelbrechung beim Eintritt in einen anisotropen Kristall, Lichtwellen mit Schwingungsrichtung parallel zur Buchseite (P) und senkrecht zur Buchseite (R)*

Die unterschiedliche Lichtbrechung für Schwingungsrichtungen offenbart zwei Seiten desselben Kristalls. Dies repräsentiert den Unterschied zwischen Sein und Schein, zwischen tatsächlichen Wesensmerkmalen und der Fremdwahrnehmung, zwischen innerer und äußerer Persönlichkeit. Wenn Sie ein **authentischer** Mensch sind, dann entsprechen Ihrem Wesen Edelsteine mit einer geringen Doppelbrechung. Sind Sie dagegen **diplomatisch**, dann wählen Sie bevorzugt einen Edelstein mit hoher Doppelbrechung.

Edelsteine, die zu den Gesteinen gehören, können ebenfalls berücksichtigt werden, wenn sie aus Mineralen mit ähnlicher Doppelbrechung bestehen, wie z. B. Onyxmarmor, der aus den stark doppelbrechenden Mineralen Calcit und/oder Aragonit aufgebaut ist. Diese sind ebenfalls Hauptbestandteil von Perlen sowie zahlreichen Fossilien, die in Kalken gefunden werden. Einige von ihnen sind interessante Schmucksteine (z. B. Ammonit, Stromatolith, Trochit). Außerdem kommen Gesteine in die Auswahl, wenn das gewünschte Mineral zusammen mit welchen aus dem mittleren Bereich vorkommt, wie z. B. Rubin-Fuchsit oder der ebenfalls rubinführende Anyolit. Weitere Beispiele sind Rapakivi-Granit und einige andere Granitarten, die große Orthoklas-Kristalle enthalten.

> Beispiele für schwach doppelbrechende Edelsteine (< 0,009):
> Amazonit, Anyolit, Apatit, Apophyllit, Beryll-Gruppe, Charoit, Chytha, Danburit, Jeremejewit, Klinoptilolith, Korund-Gruppe, Orthoklas, Rapakivi-Granit, Rubin-Fuchsit, Sapphirin, Schriftgranit, Seraphinit, Serpentin (außer Chrysotil), Sugilith, Taaffeit, Tugtupit, Vesuvian.

> Beispiele für stark doppelbrechende Edelsteine (> 0,09):
> Ammonit, Aragonit, Azurit, Azurmalachit, Calcit, Cassiterit, Cerussit, Chrysanthemenstein, Covellin, Dolomit, Hämatit, Ivoryit, Koralle, Magnesit, Malachit, Onyxmarmor, Perle, Perlmutt, Pinolith, Rhodochrosit, Rutil, Smithsonit, Stromatolith, Titanit, Trochit, Zebramarmor, Zitronenchrysopras.

Quarz, viele gesteinsbildende Minerale und einige weitere liegen mit einer Doppelbrechung zwischen 0,009 und 0,09 im mittleren Bereich. Dieser soll nicht weiter betrachtet werden. Wenn Sie jedoch der Meinung sind, dass authentisch-direkte und diplomatisch-beherrschte Wesensmerkmale bei Ihnen gleich verteilt sind, finden Sie im Anhang 2 (Spalte DB) eine Reihe passender Edelsteine.

Abb. 22: *Edelsteine mit niedriger Doppelbrechung sind beispielsweise **A)** Vesuvian, **B)** Seraphinit, **C)** Chytha, ein serpentinhaltiges Gestein. Beispiele für stark doppelbrechende Edelsteine sind **D)** Aragonit, **E)** Calcit, **F)** Pinolith*

Ehrgeiz

Der größte Teil der Bevölkerung begnügt sich damit, einen soliden Job zu bekommen, ein normales Leben zu führen, einigermaßen gut über die Runden zu kommen, vielleicht eine Familie zu gründen oder sich hin und wieder etwas zu gönnen. Viele träumen von mehr, aber nur wenige tun wirklich nennenswert etwas dafür. Doch diese wenigen heben sich deutlich ab, da es ihnen nicht genügt, dem Durchschnitt anzugehören, und sie möchten aus der breiten Masse hervorstechen. Sie möchten im Leben etwas ganz Besonderes erreichen und streben nach Macht, Ruhm oder Wohlstand. Vielleicht möchten sie nur etwas Außergewöhnliches erschaffen, eine Innovation, etwas Künstlerisches oder Theoretisches. Die Ehrgeizigen verfolgen ihre Ziele mit einer hohen Priorität; alle anderen Belange des Lebens müssen sich diesem Ehrgeiz unterordnen. Oft steckt auch der Wunsch dahinter, der Welt etwas zu hinterlassen, was die Zeit des eigenen Lebens überdauert. Während sich der Durchschnittsbürger damit begnügt, seine Gene (in Form von Kindern) zu hinterlassen, möchte der Ehrgeizige auf andere Weise in Erinnerung bleiben.

Gehören Sie zu den Menschen, die etwas Außergewöhnliches erreichen möchten? Es spielt keine Rolle, ob dies im materiellen oder ideellen Bereich liegt. Es ist ebenso wenig entscheidend, ob Ihre Bemühungen bis zum heutigen Zeitpunkt vom Erfolg gekrönt wurden. Wichtig sind ein stetiges Streben und ein unbeugsamer Wille, fortwährend daran zu arbeiten. Maßgeblich für die Einstufung als ehrgeiziger Mensch ist auch die Frage, ob Sie alles Mögliche für Ihre Ziele versuchen und andere Dinge konsequent zurückzustellen.

Der klassische König der Edelsteine ist der Diamant. Sein so genanntes Feuer, mit dem das Funkeln und die Lichtreflexionen gemeint sind, resultiert aus einer hohen **Lichtbrechung**. Sie macht ihn (in Kombination mit guter Transparenz und sehr hoher Härte) zu einem nahezu einzigartigen, überaus begehrten und wertvollen Edelstein, der häufig imitiert wurde. Forscher entwickelten zahlreiche Synthesen, welche bezüglich der Lichtbrechung dem Diamanten immer näherkamen. Viele in der Natur vorkommende ähnlich lichtbrechende Minerale sind entweder deutlich weicher oder von geringer Durchsichtigkeit.

Das Feuer stark lichtbrechender Steine kommt besonders gut im Brillantschliff zur Geltung, dessen Proportionen so gewählt sind, dass es möglichst häufig zur **Totalreflexion** kommt. Licht wird an den Unterseiten des Brillanten reflektiert und tritt an der Oberseite wieder aus. Bei niedriger brechenden Steinen geht zu viel Licht nach unten verloren, so dass kein entsprechendes Funkeln entstehen kann. Das liegt daran, weil der Lichtstrahl beim schrägen Austritt zum Stein hin gebrochen wird (vergleiche Abb. 23). Mit zunehmendem Brechungsindex des Edelsteins wird das Licht stärker gebrochen und irgendwann wird ein Punkt erreicht, an dem der gebrochene Lichtstrahl parallel zur Steinoberfläche verlaufen würde. Dies allerdings nur theoretisch, tatsächlich wirkt in dem Fall die Innenseite des Steins als Spiegel und der Lichtstrahl wird nach innen reflektiert. Dieses Phänomen bezeichnet man als Totalreflexion.

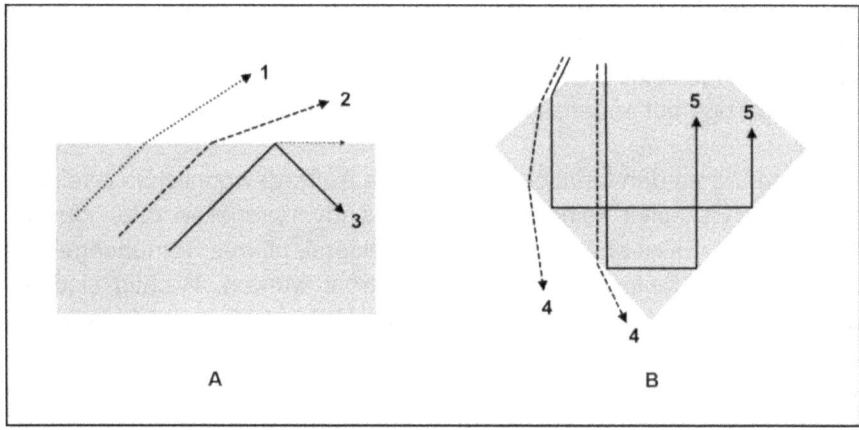

Abb. 23: Totalreflexion. **A)** Verlauf von Lichtstrahlen beim Austritt aus einem Kristall mit niedriger (1), mittlerer (2) und hoher (3) Lichtbrechung. Würde der austretende Strahl parallel zur Kristalloberfläche verlaufen, kommt es zur Totalreflexion. **B)** Querschnitt eines Brillantschliffs. Verlauf von Lichtstrahlen im Kristall niedriger (4) und hoher (5) Lichtbrechung.

Wie im vorangegangenen Kapitel bereits erwähnt, berechnet sich der Brechungsindex aus der Vakuumlichtgeschwindigkeit dividiert durch die Ausbreitungsgeschwindigkeit des Lichts im Kristall. Der Brechungsindex der meisten Minerale liegt zwischen 1,5 und 1,85. Edelsteine mit einer höheren Lichtbrechung sind selten und etwas Besonderes, dem alle anderen nacheifern. Sie stehen somit für den speziellen Ehrgeiz, sich von der Masse abzuheben, auf einem konkreten Gebiet besser zu sein, mehr zu erreichen. Wenn Sie sich durch eine überdurchschnittliche Strebsamkeit kennzeichnen, bereits in Schule oder Studium zu den Besten gehören wollten, sowie im weiteren Leben stetig, mit viel Biss und Ausdauer an Ihren ehrgeizigen Zielen arbeiten, dann können Sie dies mit einem stark lichtbrechenden Edelstein unterstreichen.

Beispiele für Edelsteine mit sehr hoher Lichtbrechung (> 1,85): Baddeleyit, Cassiterit, Cerussit, Covellin, Cuprit, Demantoid, Diamant, Hämatit, Hyazinth, Jargon, Melanit, Moissanit, Purpurit, Rutil, Scheelit, Sphalerit, Titanit, Uvarovit, Zinkit, Zirkon.

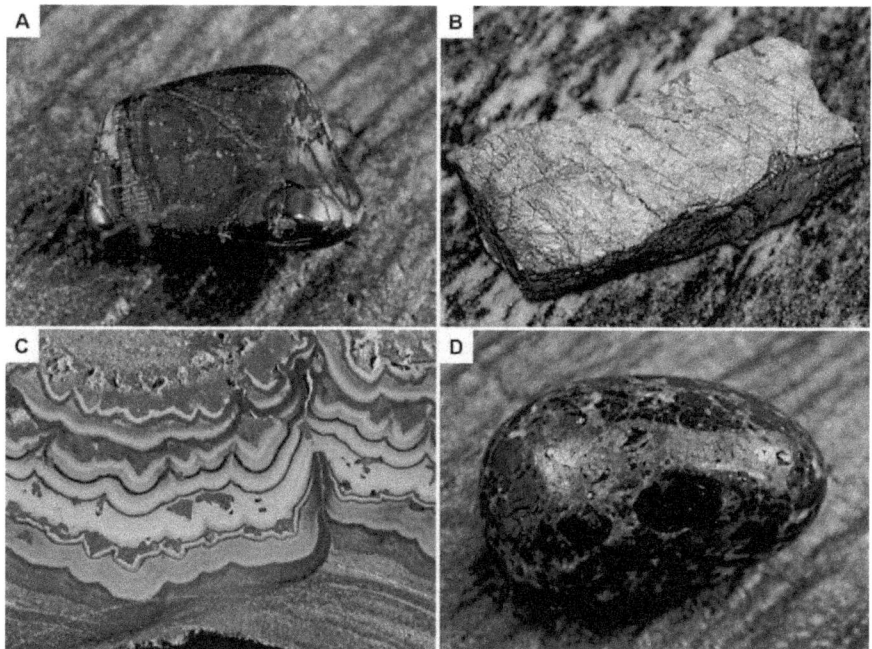

Abb. 24: *Edelsteine mit sehr hoher Lichtbrechung.* **A)** *Cuprit-Chrysokoll-Gestein;* **B)** *Purpurit;* **C)** *Schalenblende;* **D)** *Zinkit-Franklinit-Gestein*

Einige der oben aufgeführten Edelsteine sind sehr weich und als facettierte Schmucksteine extrem empfindlich und zum Tragen am Körper eigentlich kaum geeignet (z. B. Cerussit, Cuprit). Andere werden selten als größere transparente Stücke gefunden und sind damit schwer im Handel erhältlich (z. B. Rutil, Zinkit). Sie könnten in Erwägung ziehen, auf Gesteine auszuweichen, die das gewünschte Mineral enthalten. Diese Steine werden meistens im Rundschliff bearbeitet, sind leichter erhältlich, preiswerter oder robuster (tragfähiger).

Beispiele für Edelsteine, die ein hoch lichtbrechendes Mineral enthalten:
Hilutit (enthält Zirkon), Rutilquarz, Schalenblende (enthält Sphalerit), Sonora Sunrise (enthält Cuprit), Zinkit-Franklinit-Gestein.

Zielstrebigkeit und Abwägung

In diesem Kapitel geht es darum, auf welche Weise Menschen versuchen, ein gestecktes Vorhaben erfolgreich zum Abschluss zu bringen bzw. ein Ziel zu erreichen. Es spielt keine Rolle, ob es berufliche oder private Ziele sind, ob es das Leben bestimmende gravierende Ereignisse (ein karriereträchtiger Job) oder alltägliche Kleinigkeiten (eine gelungene Grillparty) sind. Bei der Herangehensweise gibt es im Wesentlichen zwei Typen, die sich von ihrem Ansatz her grundlegend unterscheiden.

Die einen haben ein bestimmtes Ziel vor Augen. Sie überlegen sich, wie sie am besten dorthin kommen und schlagen diesen Weg ein. Sie setzen ihre ganze Energie auf diesen einen Weg, kümmern sich nicht um Rückschläge und Alternativen, lassen sich nicht beirren. Solche Menschen werden als sehr zielstrebig wahrgenommen. Die Erfolgswahrscheinlichkeit ist nicht schlecht, da die Kraft auf ein Vorhaben gebündelt wird. Allerdings gibt es im Leben keine Garantien, das wissen wir alle, und da setzt der andere Typ an. Er beschränkt sich nicht darauf einen Weg zu gehen, sondern hat immer Alternativen im Hinterkopf und wägt sie permanent gegeneinander ab. Vielleicht wendet er mehrere Ideen gleichzeitig an und schaut, welche besser zum Ziel führt. Vielleicht ist sein Ziel auch nicht so scharf definiert, er passt es flexibel dem Leben und der Umsetzbarkeit an. Die häufige Abwägung, geistige Reflexion, das Hin- und Herschwanken erscheinen in der Regel (für Außenstehende) wenig zielstrebig. In jedem Fall versucht dieser Typ immer zweigleisig zu fahren. Damit kann er seine Energie nicht so bündeln, hat aber bessere Ausweichmöglichkeiten, sollte ein Weg scheitern. Beide Strategien haben ihre Vor- und Nachteile, es ist einfach eine Frage der Persönlichkeit.

Welche Analogie haben wir dazu in der Steinwelt? Wenn man von isotropen Steinen absieht, gibt es eine Abhängigkeit des Brechungsindex von der Schwingungsrichtung der Lichtwelle. Dies wird als **Doppelbrechung** bezeichnet, die im Kapitel zur inneren und äußeren Persönlichkeit erläutert wurde. Ein Lichtstrahl, der einen doppelbrechenden Kristall durchquert, verliert seine Einheit, da die Lichtwellen mit einer bestimmten Schwingungsrichtung den Kristall schneller durchlaufen als die Lichtwellen mit der anderen Schwingungsrichtung. Beim schrägen

Auftreffen werden die Lichtwellen verschieden stark gebrochen, so dass der Lichtstrahl gespreizt wird. Es gibt jedoch in jedem noch so wenig symmetrischen Kristall mindestens eine Richtung, in der das Licht unabhängig von der Schwingungsrichtung gleichförmig durch den Kristall geht. Diese Vorzugsrichtung nennt man **optische Achse**. Es gibt Kristalle mit einer optischen Achse, das sind die des trigonalen, tetragonalen und hexagonalen Kristallsystems. Und es gibt Kristalle mit zwei optischen Achsen, das sind die des rhombischen, monoklinen und triklinen Kristallsystems. Wenn ein Lichtstrahl unbeschadet durch einen Kristall kommen will, so muss er einen Weg parallel zur optischen Achse nehmen. Bei einigen Kristallen hat er nur eine Möglichkeit, bei anderen zwei Alternativen.

Doch warum ist das so? Die höher symmetrischen Kristallsysteme (trigonal, tetragonal, hexagonal) haben eine Drehachse, die in ihrem Umkreis eine hohe Symmetrie verursacht. Folglich ist der Brechungsindex für einen Lichtstrahl, der parallel zur Drehachse verläuft, für alle Schwingungsrichtungen gleich. Die optische Achse liegt parallel zur hochsymmetrischen Drehachse, von der es nur eine gibt. Schauen Sie zur Verdeutlichung Abb. 25A an. Die Achsen a und b sind gleich lang (was demselben Brechwert entspricht), c weicht von den anderen ab. Diese Kristalle haben demzufolge nur zwei unterschiedliche Brechungsindices. Eine Lichtwelle, die sich in Richtung c ausbreitet, hat immer dieselbe Geschwindigkeit und denselben Brechungsindex, unabhängig davon, ob sie parallel zu a oder zu b schwingt.

Minerale, die strukturell den geringsymmetrischen Kristallsystemen (rhombisch, monoklin, triklin) angehören, besitzen für jede Raumrichtung einen eigenen Brechungsindex, so dass es drei unterschiedliche gibt. In diesem Fall gibt es 2 optische Achsen. Sie liegen quer zu den Achsen des Koordinatensystems und damit quer zu den Symmetrieelementen. Betrachten Sie dieses Mal Abb. 25B. Auf dem Weg vom niedrigsten zum höchsten Brechwert wird ein Punkt a' erreicht, der dem mittleren Wert b entspricht. An diesem Punkt gleichen sich somit zwei Brechungsindices an. Die optische Achse liegt senkrecht auf der Ebene, die von den gleich langen Achsen a' und b aufgespannt wird. Da die Bedingung auch im negativen Bereich des Koordinatensystems gilt, muss es noch eine zweite optische Achse geben.

Gesteine sollten in der Regel keiner Kategorie zugeordnet werden, da in ihnen mehrere Minerale enthalten sind und in den meisten Fällen ein- und zweiachsige miteinander vermengt sind. In Ausnahmefällen, wenn sichergestellt ist, dass nur einachsige oder nur zweiachsige Minerale enthalten sind, kann der Edelstein durchaus als Symbol für eine der beiden Strategien zur Erreichung von Zielen fungieren. So besteht beispielsweise der Eilatstein aus den Mineralen Türkis, Malachit und Chrysokoll. Alle drei sind optisch zweiachsig. Feuerstein und Marmor sind (nahezu) monomineralisch und bestehen lediglich aus Quarz bzw. Calcit, insofern gehören sie genau wie die beiden Minerale zu den einachsigen Edelsteinen.

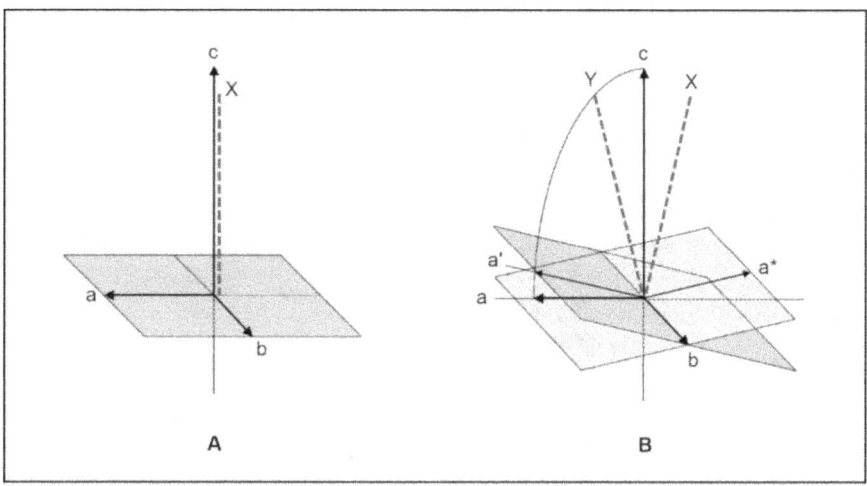

Abb. 25: *Modell-Koordinatensysteme. Die Länge der Achsen entspricht dem Brechungsindex für die betreffende Schwingungsrichtung.* **A)** *Wenn a = b liegt die optische Achse senkrecht auf der von a und b aufgespannten Ebene und damit parallel zur c-Achse.* **B)** *Bei 3 verschiedenen Brechungsindices (hier: a < b < c) gibt es einen Punkt a' = b. Die optische Achse X liegt senkrecht auf der von a' und b aufgespannten Ebene und damit schräg zur c-Achse. Ferner gibt es einen Punkt a* = b und damit eine zweite optische Achse Y, die senkrecht auf der von a* und b aufgespannten Ebene liegt.*

Wenn Sie zu den Menschen gehören, die sehr **zielstrebig** sind und sich zur Erreichung eines Ziels auf einen Weg beschränken, so wählen Sie einen optisch einachsigen Edelstein aus. Sind Sie dagegen **abwägend**, reflektierend, gerne zweigleisig unterwegs und halten grundsätzlich Alternativoptionen im Hinterkopf, so wählen Sie einen optisch zweiachsigen Edelstein aus.

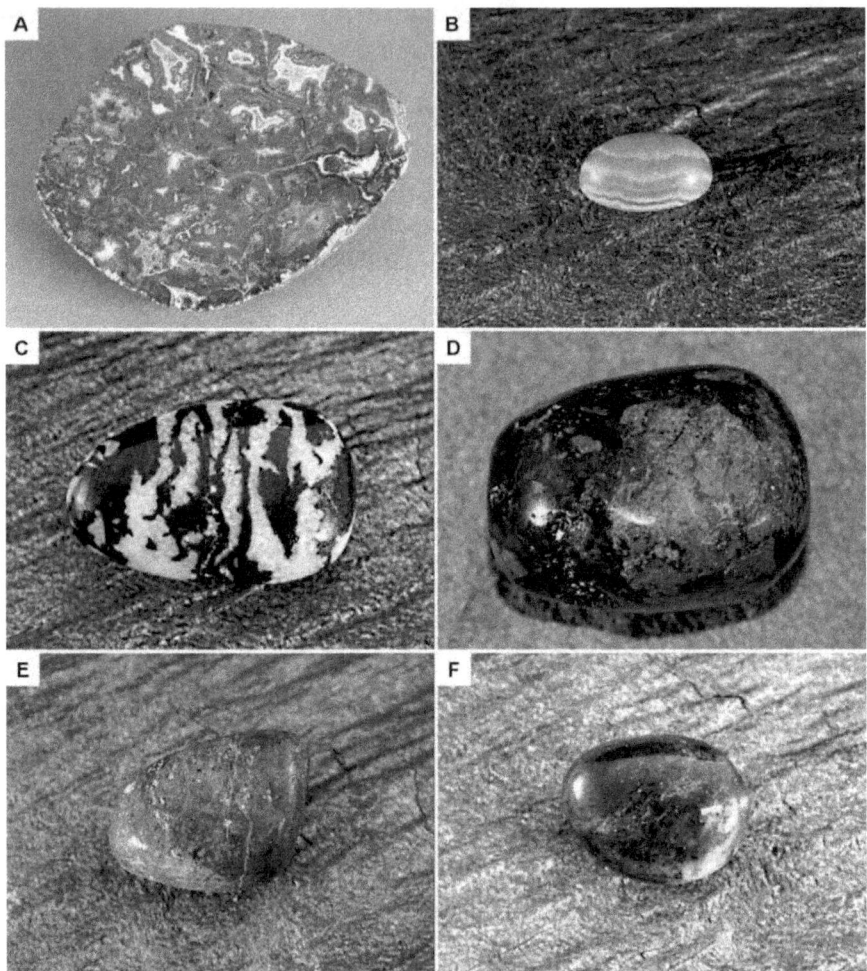

Abb. 26: Edelsteine nach der Anzahl der optischen Achsen. Optisch einachsig sind A) Jaspis, wie alle Vertreter der Quarzgruppe; B) Rhodochrosit; C) Zebramarmor. Optisch zweiachsig sind D) Azurmalachit, der aus den beiden zweiachsigen Mineralen Azurit und Malachit besteht; E) Thulit; F) Wassersaphir, eine Varietät des Cordierits.

Beispiele für optisch einachsige Edelsteine:
Apatit, Apophyllit, Benitoit, Beryll-Gruppe, Calcit, Californit, Cassiterit, Chalkopyrit, Covellin, Dioptas, Dolomit, Eudialyt, Feuerstein, Hämatit, Hyazinth, Jargon, Jeremejewit, Magnesit, Moissanit, Padparadscha, Pezzottait, Phenakit, Pinolith, Quarz-Gruppe, Rhodochrosit, Rubin, Rutil, Saphir, Scheelit, Skapolith, Smithsonit, Stichtit, Sugilith, Taaffeit, Tugtupit, Turmalin-Gruppe, Vesuvian, Zinkit, Zirkon.

Beispiele für optisch zweiachsige Edelsteine:
Alexandrit, Amblygonit, Amphibol-Gruppe, Andalusit, Angelit, Aragonit, Astrophyllit, Axinit, Azurit, Azurmalachit, Baddeleyit, Baryt, Beryllonit, Brasilianit, Cerussit, Charoit, Chiastolith, Chrysoberyll, Chrysokoll, Coelestin, Danburit, Diaspor, Dumortierit, Eilatstein, Epidot, Euklas, Feldspat-Gruppe, Fuchsit, Hemimorphit, Hiddenit, Howlith, Iolith, Klinohumit, Klinoptilolith, Kornerupin, Kunzit, Kyanit, Larimar, Lazulith, Lepidolith, Malachit, Peridot, Petalit, Phosphosiderit, Piemontit, Pistazit, Prehnit, Purpurit, Pyroxen-Gruppe, Rhodonit, Sapphirin, Selenit, Seraphinit, Serpentin, Shattuckit, Sillimanit, Sinhalit, Skolezit, Staurolith, Stilbit, Tansanit, Thomsonit, Thulit, Titanit, Topas, Türkis, Ulexit, Variscit, Wassersaphir.

Organisationstyp

Kennen Sie diese Situation im Büro? Sie gehen zu einem Kollegen, um ein Dokument einzusehen. Der Kollege ist jedoch nicht am Platz und Sie schauen, ob Sie das Dokument finden können. Der Schreibtisch ist perfekt aufgeräumt, die Ordner sind beschriftet und gut sortiert. Sie greifen einfach in die Mappe, die Ihnen plausibel erscheint, und siehe da, das gewünschte Dokument befindet sich tatsächlich dort wo Sie es vermutet haben, und das ohne die Hilfe des Kollegen der es einsortiert hat. Dann gehen Sie zu einem anderen Kollegen, um ein weiteres Dokument zu sichten. Der Kollege sitzt an seinem Platz, doch sein Schreibtisch quillt über. Papiere, Mappen und Ordner liegen auf den ersten Blick chaotisch herum, und Sie denken nur, dass es nun ziemlich lange dauern wird, das gewünschte Papier zu finden. Sie fragen Ihren Kollegen danach, der überlegt kurz, greift mitten in einen scheinbar unsortierten Stapel und zieht das gewünschte Dokument zielsicher heraus. Nur weil ein Außenstehender kein Sortierprinzip erkennen kann, heißt es nicht, dass keins vorhanden ist.

Der strukturierte Typ organisiert sich nach objektiven Kriterien. Diese Menschen sortieren Dinge nach allgemeingültigen Kriterien, die von anderen erwartet werden. Sie sortieren Dinge alphabetisch, numerisch, nach Datum, Größe, Alter, Kategorie. Ihre Wohnungen oder Arbeitsplätze wirken aufgeräumt. Und genauso aufgeräumt erscheint ihr Leben; es ist durchgeplant und kalkulierbar. Die Entscheidungen dieser Menschen sind wohlüberlegt, rational und nachvollziehbar. Ihre Reaktionen sind vorhersehbar, damit besitzen sie eine gut einschätzbare Persönlichkeit. Die strukturierte Organisation wirkt auf andere einfach, berechenbar, durchdacht und logisch.

Der zweite Typ organisiert sich nach eigenen Kriterien, die sehr stark aus den Gefühlen resultieren; er wird als emotionaler Typ bezeichnet. Diese Menschen sortieren Dinge individuell, was für Außenstehende nicht nachvollziehbar ist. Ihre Wohnungen und Arbeitsplätze wirken dadurch unaufgeräumt, und so erscheint auch ihr ganzes Leben. Sie machen nur wenig Pläne, handeln oft spontan, ihre Aktivitäten sind schwer vorhersehbar und Reaktionen nicht selten unerwartet. Die Entscheidungen des emotionalen Typs passieren oft aus dem Bauch heraus. Die gesamte Persönlichkeit dieser Menschen ist für andere schwer einschätzbar. Nicht selten gibt es in ihrem Leben überraschende Wendungen, die zu einer wenig geradlinigen, wechselvollen aber oft auch interessanten Lebensgeschichte führen. Die emotionale Organisation ist sehr individuell und erscheint damit für andere kompliziert, undurchschaubar und geheimnisvoll.

Die Art und Weise wie sich Materie in Mineralen organisiert, ist ebenfalls sehr unterschiedlich. Diamant besteht nur aus einem chemischen Element, dem Kohlenstoff. Andere einfach zusammengesetzte Minerale bestehen nur aus zwei Komponenten, einem Kation und einem Anion, z. B. Fluorit (CaF_2). Auf der anderen Seite gibt es Minerale, die einen sehr komplizierten Chemismus haben und aus vielen Elementen aufgebaut werden. Zudem kommen Mischkristalle vor, in denen die Anteile einzelner Elemente schwanken können. Ein Beispiel für ein Mischkristallsystem ist der Edelstein Chromdiopsid: $(Ca,Na)(Mg,Cr)Si_2O_6$. Er setzt sich aus den Endgliedern Diopsid $CaMgSi_2O_6$ und Kosmochlor $NaCrSi_2O_6$ zusammen. Die Verhältnisse Ca/Na und Mg/Cr sind im Chromdiopsid nicht festgelegt und können je nach Fundort unterschiedlich sein. Es gibt weitaus kompliziertere multiple Mischkristallsysteme mit mehr als 10 Endgliedern, beispielsweise die Turmaline.

Ähnlich unterschiedlich verhält es sich bei Kristallstrukturen. Sie können einfach und hochsymmetrisch sein. Wenn sie aus wenigen Elementen bestehen, ist ihre Struktur auf einem Blatt Papier gezeichnet gut zu überblicken. Bei anderen Mineralen ist selbst ein dreidimensionales Modell der Struktur sehr schwer zu durchschauen, und man hat oft den Eindruck, dass die Atome dort völlig ungeordnet sind, insbesondere wenn die Struktur auf kein rechtwinkliges Koordinatensystem bezogen werden kann. Nehmen Sie als Beispiel Quarz (SiO_2), der chemisch sehr einfach zusammengesetzt ist, jedoch aufgrund seiner trigonalen Symmetrie (in der 60°- oder 120°-Winkel vorherrschen) und der schraubenförmigen Anordnung der Bausteine eine recht schwierig zu überblickende Kristallstruktur besitzt.

Abb. 27: *Edelsteine der Organisationstypen. Einfach zusammengesetzt und orthogonal symmetrisch sind **A)** Bronzit und **B)** Chiastolith, typisch das schwarze Kreuzmuster. Komplex und nicht-orthogonal sind **C)** Astrophyllit und **D)** Eudialyt, rote Kristalle im Syenitgestein. Unsymmetrisch mit triklinem Kristallgitter sind **E)** Kyanit und **F)** Sonnenstein, ein Vertreter der Feldspat-Gruppe.*

Wenn Sie ein Mensch sind, der sich **strukturiert** organisiert und rational handelt, dann entsprechen diesem Wesensmerkmal Edelsteine, die einfach und übersichtlich zusammengesetzt sind. Sie sollten wenige Elemente enthalten, auf jeden Fall nur eine Art der Anionen. Sie sollten ferner auf ein rechtwinkliges Koordinatensystem bezogen werden, d. h. dem kubischen, tetragonalen oder rhombischen Kristallsystem angehören.

Beispiele für einfach zusammengesetzte symmetrische Edelsteine:
Andalusit, Angelit, Aragonit, Baryt, Bronzit, Cassiterit, Cerussit, Chalkopyrit, Chiastolith, Chrysoberyll, Coelestin, Cuprit, Diamant, Diaspor, Enstatit, Fluorit, Granat-Gruppe, Hyazinth, Jargon, Hypersthen, Magnetit, Oktaedrit, Peridot, Purpurit, Pyrit, Rutil, Scheelit, Sillimanit, Sinhalit, Sphalerit, Spinell, Zirkon.

Wenn Sie sich dagegen **emotional** organisieren, dann wird dies durch Edelsteine symbolisiert, die sehr komplex zusammengesetzt sind, mehrere Kationen und Anionen enthalten oder multiplen Mischkristallsystemen angehören. Außerdem wenn sie eine besonders schiefwinklige Symmetrie haben. Damit werden alle triklinen Minerale (unabhängig vom Chemismus) und die monoklinen (wenn die Zusammensetzung nicht zu einfach ist) dieser Kategorie zugeordnet.

Beispiele für komplexe und unsymmetrische Edelsteine:
Amblygonit, Amphibol-Gruppe, Astrophyllit, Axinit, Brasilianit, Californit, Charoit, Chrysokoll, Epidot, Eudialyt, Euklas, Fuchsit, Howlith, Jade, Korunupin, Kyanit, Labradorit, Larimar, Lepidolith, Piemontit, Rhodonit, Sapphirin, Seraphinit, Skapolith, Sonnenstein, Staurolith, Stilbit, Sugilith, Tansanit, Thulit, Türkis, Turmalin-Gruppe, Ulexit, Vesuvian.

Standhaftigkeit und Spontanität

In welchem Maß Menschen auf ihre Werte, Prinzipien, Standpunkte und Pläne bestehen und welche Bereitschaft auf andere einzugehen da ist, unterliegt einem weiten Spektrum. Es gibt sicher nur wenige, die sehr nahe den Extremen kommen, dennoch sollte bei den meisten Menschen eine klare Tendenz erkennbar sein. Überlegen Sie bitte, ob Sie sich eher dem standhaften oder dem spontanen Typ zuordnen wollen.

Der standhafte Typ kennzeichnet sich nicht nur dadurch, dass er klar ausgebildete Meinungen und Vorhaben besitzt, sondern auch durch seine Bereitschaft, diese zu verteidigen und umzusetzen. Er gibt sich oft kämpferisch und diskussionsfreudig und lässt sich schwer von etwas überzeugen oder zu etwas überreden, das er eigentlich nicht will. Er zeigt in jedem Fall viel Profil, ist in vielen Dingen sehr festgelegt, lässt sich von seinem Weg nicht abbringen und scheut keine Konflikte.

Auf der anderen Seite hat der spontane Typ keine starren Prinzipien und Standpunkte. Er stellt sich nicht in den Mittelpunkt, macht nicht besonders viele Pläne, lässt sich dagegen leicht von anderen überzeugen, begeistern und mitreißen. Er geht gut und gerne auf andere Menschen ein und handelt eben spontan, je nach Lage der Dinge oder den Vorschlägen seines sozialen Umfelds. Er kann sich gut in Hierarchien einfügen, akzeptiert Führung und Vorgesetzte, zeigt sich oft flexibel und versucht tendenziell, Streitigkeiten aus dem Weg zu gehen.

Manche Minerale bilden schöne und gut ausgebildete Kristalle, sie haben viele Ecken und Kanten und zeigen eine starke Gestalt. Man nennt sie **idiomorph** (eigengestaltig), sie offenbaren eine festgelegte Kristallform, was dem standhaften Typ entspricht. Andere Minerale zeigen nach außen selten ihre wahre Kristallform, obwohl sie eine Kristallstruktur besitzen und sogar grobe Kristalle bilden können. Aber die Form ist nach außen nicht sichtbar, die Kristalle passen sich den umliegenden Gegebenheiten an. Sie nehmen den Platz ein, der verblieben ist, wachsen in einer spontanen Weise, werden damit von anderen Mineralen beeinflusst und von äußeren Umständen geformt. Solche Steine nennt man **xenomorph** (fremdgestaltig) oder einfach „derb".

Auch Gesteine, die aus mehreren Mineralen bestehen, können manchmal einen der beiden Typen repräsentieren. Einer festgelegten Persönlichkeit entsprechen Gesteine, die aus größeren und deutlich idiomorph ausgebildeten Kristallen bestehen (z. B. Gabbro). Sind die Gesteine aus kompakt ineinander verschachtelten derben Kristallen oder einer feinkörnigen Masse zusammengesetzt, in denen keine idiomorphen Kristalle erkennbar sind, so entsprechen sie dem spontanen Typ (z. B. Eldarit).

Wenn Sie ein **standhafter** Typ sind, mit festgelegten Plänen und Ansichten sowie klaren Prinzipien, dann sollten Sie einen Edelstein wählen, der dafür bekannt ist, besonders schöne und idiomorphe Kristalle auszubilden.

Beispiele für Edelsteine mit idiomorphen Kristallen:
Amazonit, Amblygonit, Amethyst, Apatit, Apophyllit, Axinit, Baryt, Bergkristall, Beryll-Gruppe, Calcit, Citrin, Coelestin, Dioptas, Epidot, Fluorit, Gabbro, Granat-Gruppe, Herkimerquarz, Kunzit, Labradorit, Morion, Phenakit, Pyrit, Rauchquarz, Rhodizit, Sanidin, Selenit, Skapolith, Stilbit, Tansanit, Titanit, Topas, Turmalin-Gruppe, Vesuvian.

Als **spontaner** Typ, der sich gerne von seinem sozialen Umfeld mitreißen lässt, nehmen Sie bevorzugt einen Edelstein, der meistens in derber Form vorkommt.

Beispiele für derbe Edelsteine:
Angelit, Aventurin, Blauquarz, Californit, Chalkopyrit, Covellin, Dr.-Liesegang-Stein, Eldarit, Hämatit, Ivoryit, Jade, Landschaftsstein, Larimar, Lasurit, Magnesit, Petalit, Phosphosiderit, Pinolith, Pistazit, Psilomelan, Purpurit, Regenwaldstein, Rhodonit, Rosenquarz, Serpentin, Smithsonit, Sodalith, Sugilith, Thulit, Tugtupit, Wassersaphir, Zitronenchrysopras.

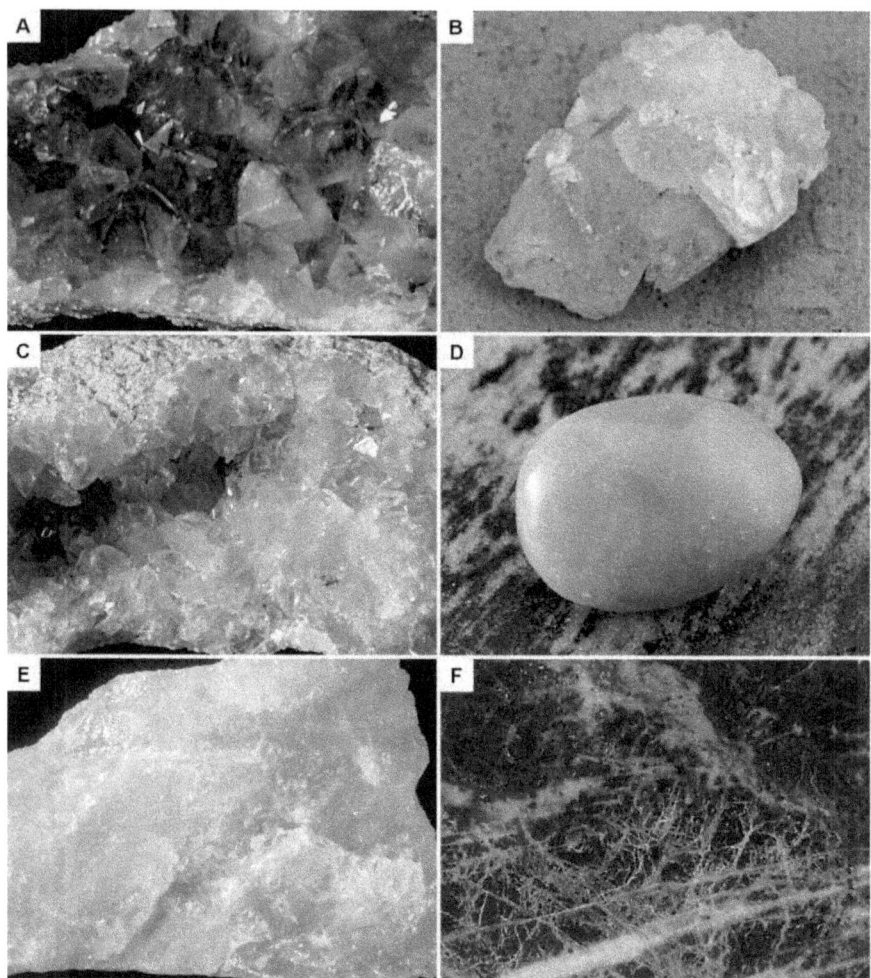

Abb. 28: *Idiomorphe Edelsteine sind **A)** Amethyst, **B)** Apophyllit, **C)** Coelestin. Überwiegend derbe Edelsteine sind **D)** Angelit, **E)** Rosenquarz, **F)** Sodalith.*

Robustheit und Sensibilität

Wie reagieren Sie selbst auf Feedback und Kritik Ihres Umfelds? Wie gehen Sie mit Forderungen, Aufträgen, Wünschen oder Befehlen um, die an Sie herangetragen werden? Und wie wirken sich bei Ihnen Belastung und Stress aus, denen Sie im Kontakt mit Ihren Mitmenschen ausgesetzt sind? Außerdem geht es in diesem Kapitel um Ihr Schicksal, an dem andere Menschen keinen oder nur mittelbaren Einfluss haben. Dies können Rückschläge bei Ihren Vorhaben oder allgemeines Pech im Leben sein. Bezüglich der Reaktion auf das eben Erwähnte existiert ein weites Spektrum an Charakteren. Versuchen Sie herauszufinden, welches Extrem (robust oder sensibel) bei Ihnen überwiegt.

Ein in diesem Sinne robuster Mensch nimmt Kritik nicht persönlich. Er geht unbeirrt seinen Weg, lässt sich weder von anderen noch vom Schicksal unterkriegen und kann souverän mit Stress umgehen. Er ist zäh, dickfellig, ausdauernd und belastbar; er kann aber auch „Nein" sagen, Grenzen ziehen und ablehnend reagieren.

Der sensible Typ ist besonders feinfühlig und empfindsam. Er ist wenig geduldig mit sich, geht Konfrontationen, Stress und Belastung aus dem Weg und reagiert oft empfindlich auf Kritik. Er wird durch Pech schon mal aus der Bahn geworfen, gibt bei Rückschlägen schnell auf und sucht nach alternativen Möglichkeiten. Sensible Menschen können sehr umsichtig handeln, dabei viel Fingerspitzengefühl und Verständnis zeigen. Oft können sie sich gut in andere hineinversetzen, zwischenmenschliche Stimmungen wahrnehmen und auf ihre Mitmenschen entsprechend eingehen.

Robuste Steine werden von Umwelteinflüssen entweder gar nicht oder nur sehr langsam angegriffen. Sie gelten als verwitterungsresistent, chemisch stabil und abrasionsfest. Mit der Dauer eines menschlichen Lebens verglichen, verwittern die allermeisten Steine langsam. Man sollte daher die Beständigkeit eines Minerals in geologisch langen Zeiträumen betrachten. Für die Einstufung als robuster Edelstein werden nur die berücksichtigt, die außergewöhnlich stabil und resistent sind. Sie reichern sich an der Erdoberfläche an (z. B. Quarz und seine Varietäten) oder kommen auf Seifenlagerstätten vor (z. B. Topas, Rubin). Wenn sie ein **robuster** Charakter sind, dann sollten sie einen Edelstein wählen, der ebenso diese Eigenschaft innehat.

Beispiele für besonders zähe und resistente Edelsteine:
Alexandrit, Andalusit, Baddeleyit, Beryll-Gruppe, Cassiterit, Chiastolith, Chloromelanit, Chrysoberyll, Diamant, Feuerstein, Hilutit, Hyazinth, Jade, Jargon, Korund-Gruppe, Kyanit, Moissanit, Phenakit, Pyrop, Quarz-Gruppe, Rhodizit, Rutil, Sillimanit, Spinell, Taaffeit, Topas, Turmalin-Gruppe, Zirkon.

Abb. 29: *Robuste und empfindliche Edelsteine: Widerstandfähig und sehr langsam verwitternd sind A) Aquamarin, bildet blaue 6-seitig säulige Kristalle; B) Rubin. Empfindliche und verwitterungsanfällige Edelsteine sind C) Chrysanthemenstein, wird bereits von schwachen Säuren angegriffen; D) Onyxmarmor.*

Dem **sensiblen** Typ entsprechen die Edelsteine, die schnell verwittern, leicht von Agenzien angegriffen werden oder in sonstiger Weise empfindlich und instabil sind. Dies beinhaltet Minerale, die in einem Gestein als erste verwittern oder umgewandelt werden (z. B. Olivin im Basalt, Cordierit im Gneis). Außerdem gehören alle Edelsteine dazu, die bereits durch schwache Säuren angegriffen werden (z. B. Onyxmarmor), ein bisschen wasserlöslich sind (z. B. Selenit) oder besonders empfindlich auf Hitze reagieren, da in ihrer Kristallstruktur viel Wasser enthalten ist (z. B. Skolezit, Stilbit). Auch die amorphen Steine gehören zu den sensiblen, da der nicht-kristalline Zustand in der Natur metastabil ist. In geologisch langen Zeiträumen wandeln sich amorphe Steine in mikrokristalline Aggregate um. Schließlich gehören in die sensible Kategorie Edelsteine, die in erheblichem Maße zweiwertiges Eisen enthalten (z. B. Pyrit). Dieses wird unter den Bedingungen der sauerstoffreichen Atmosphäre schnell oxidiert.

Beispiele für verwitterungsanfällige, leicht zu zersetzende und metastabile Edelsteine:
Alabaster, Angelit, Apophyllit, Aragonit, Azurit, Belemnit, Calcit, Cerussit, Chalkopyrit, Chrysanthemenstein, Chrysokoll, Covellin, Cuprit, Feldspat-Gruppe, Gagat, Hauyn, Howlith, Iolith, Klinoptilolith, Koralle, Larvikit, Magnetit, Malachit, Obsidian, Oktaedrit, Onyxmarmor, Opal-Gruppe, Peridot, Perle, Perlmutt, Phosphosiderit, Prehnit, Pyrit, Schalenblende, Schlangenstein, Selenit, Septarie, Serpentin, Shungit, Skolezit, Sodalith, Stichtit, Stilbit, Stromatolith, Tektit, Thomsonit, Ulexit, Variscit, Zebramarmor.

Vielseitigkeit

Sind Sie ein besonders unternehmungslustiger Mensch? Wenn Sie viele Interessen haben, einen großen Bekanntenkreis, ständig auf Achse sind, der „Hans Dampf in allen Gassen", kein Event verpassen, gerne etwas Neues probieren, dann führen Sie ein vielseitiges Leben. Wenn Ihr Freundeskreis zudem aus sehr unterschiedlichen Menschen (bezogen auf Beruf, Status, Lebensprioritäten usw.) zusammengesetzt ist, dann ist Ihr Leben ausgesprochen bunt. In dem Fall kommt für Sie ein bunter bzw. mehrfarbiger Edelstein in Frage. Seine unterschiedlichen Farben symbolisieren die zahlreichen Facetten Ihrer Persönlichkeit, die verschiedenen Ereignisse Ihres Lebens sowie die vielen Kontakte zu unterschiedlichen Mitmenschen.

Wählen Sie in diesem Fall tatsächlich Steine, die mehr als nur zwei Farben enthalten, nach Möglichkeit mit einem unregelmäßigen Muster. Ein gestreifter oder in sonstiger Weise regelmäßig bzw. geometrisch gemusterter Edelstein wirkt zu starr, zu geordnet und zu vorhersehbar, um die Art von Vielseitigkeit, wie sie hier gemeint ist, zu verkörpern. In den meisten Fällen kommen hier Gesteine in Frage, also Gemenge verschiedener Minerale, von denen jedes eine Farbe beisteuert. Edelsteine, die nur aus einem einzigen Mineral bestehen, können hier ebenfalls aufgeführt werden, wenn sie ihr buntes Aussehen durch Interferenzfarben (z. B. Edelopal, Spectrolith), Anlauffarben (z. B. Chalkopyrit) oder heterogene Pigmentierung (z. B. Polychromjaspis, Onyxmarmor) erhalten.

> Beispiele für mehrfarbige Edelsteine:
> Ammolith, Anyolit, Boulderopal, Chalkopyrit, Charoit, Edelopal, Eilatstein, Eklogit, Eudialytsyenit, Fluorit (multicolor), Landschaftsachat, Leopardenstein, Mookait, Nunderit, Onyxmarmor, Ozeanjaspis, Picassojaspis, Pietersit, Polychromjaspis, Popjaspis, Regenbogenobsidian, Regenwaldstein, Rubin-Fuchsit, Sardonyx, Septarie, Spectrolith, Thomsonit, Tigereisen, Trochitenkalk, Unakit.

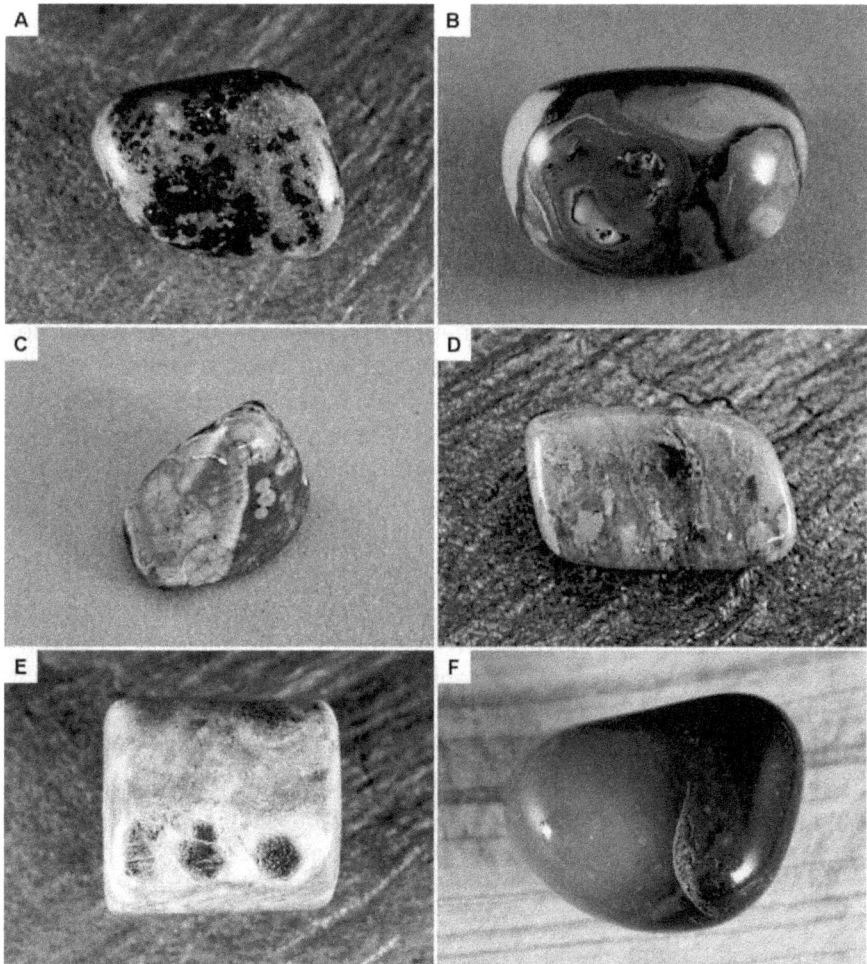

Abb. 30: Beispiele bunter Edelsteine für Menschen, die ein buntes/vielseitiges Leben führen. **A)** Anyolit; **B)** Polychromjaspis; **C)** Regenwaldstein; **D)** Nunderit; **E)** Rubin-Fuchsit; **F)** Sardonyx.

Durchsetzungsvermögen

Manche Menschen haben die Wesensart, sich meistens durchzusetzen. Sie können auf andere gut einwirken, Vorgaben machen und die Führung übernehmen. Unter Umständen können sie Kontrolle über ihre Mitmenschen ausüben und zu einem höheren sozialen Status gelangen. Dies kann im Beruf sein, in dem sie Karriere machen, sich gegen Mitbewerber behaupten, ein Team oder ihre Abteilung mit sicherer Hand leiten und von allen die Leistung erhalten, die sie verlangen. Es kann aber auch genauso gut im Privatleben sein. Sie geben im Freundeskreis oder in der Partnerschaft vor, welches Restaurant besucht wird, welche Freizeitaktivität ansteht, wohin es in Urlaub geht. Sie haben stets Vorschläge parat und legen Wert darauf, andere mitzuziehen. Oft zeichnen sich durchsetzungsfähige Menschen durch Selbstsicherheit und feste Ansichten aus. Sie sind dementsprechend streitbar, diskussionsfreudig oder gar dominant und versuchen andere von ihrem Standpunkt zu überzeugen.

Wenn Sie über die Fähigkeit verfügen, Ihre Vorstellungen gegenüber anderen Menschen durchzusetzen, dann sollten Sie einen Edelstein mit analoger Eigenschaft für sich entdecken. Dominanz eines Minerals bedeutet, dass es seine Kristallform, d. h. seine **Idiomorphie** gegenüber anderen Mineralen durchsetzen kann. Wer sich viel mit Steinen beschäftigt, dem fällt bald auf, dass es immer dieselben Minerale sind, die in einem Gestein idiomorph erscheinen. Dagegen sehen andere unförmig aus und nehmen den Platz ein, den die idiomorphen übriggelassen haben. Dominante Minerale sind resistenter gegen Deformation und erreichen oft eine vergleichsweise gute Größe. Abb. 31A zeigt große isometrische Kristalle von Granat, dem Paradebeispiel eines dominanten Minerals. Im leicht gefalteten Gestein offenbart Granat eine perfekte Idiomorphie und wird von einem kleinkörnigen Mineralaggregat umgeben.

Diese **dominant-idiomorphe** Eigenschaft unterscheidet sich grundlegend von der allgemeinen Idiomorphie, wie sie im Kapitel zur Standhaftigkeit behandelt wurde. Am Beispiel des Amethysts lässt sich dies gut verdeutlichen. Amethyst kann sehr große Kristalle mit schöner Gestalt ausbilden, aber er kommt so hauptsächlich in Drusen vor. Das sind Hohlräume in Gesteinen, oft ehemalige Gasblasen in Vulkaniten, in denen vom

Rand her Kristalle wachsen. Der Amethyst wächst in einen freien Raum hinein, der allenfalls von einer Lösung gefüllt ist, er konkurriert nicht mit anderen Mineralen. Amethyst ist die violette Farbvarietät des Quarzes, somit teilt er mit ihm alle kristallographischen Eigenschaften. Im kompakten Gestein, in dem der Raum begrenzt ist, in dem unter den Mineralen Konkurrenz herrscht, ist Quarz oft xenomorph, kleinkörnig, unförmig, deformiert, verzerrt und füllt die Zwickel aus, die als Raum verblieben sind. Während bei der Standhaftigkeit Edelsteine genannt wurden, die besonders große und schöne Kristalle bilden (wenn sie gute Bedingungen und viel Platz haben), kommt es nun auf solche an, die im Festgestein idiomorph sind, auch wenn sie vielleicht kleiner und weniger schön sind.

Beispiele für dominant-idiomorphe Edelsteine:
Andalusit, Benitoit, Chiastolith, Enstatit, Granat-Gruppe, Hyazinth, Hypersthen, Jargon, Klinohumit, Kornerupin, Korund-Gruppe, Kyanit, Magnetit, Pyrit, Sillimanit, Spinell, Staurolith, Titanit, Turmalin-Gruppe, Zirkon.

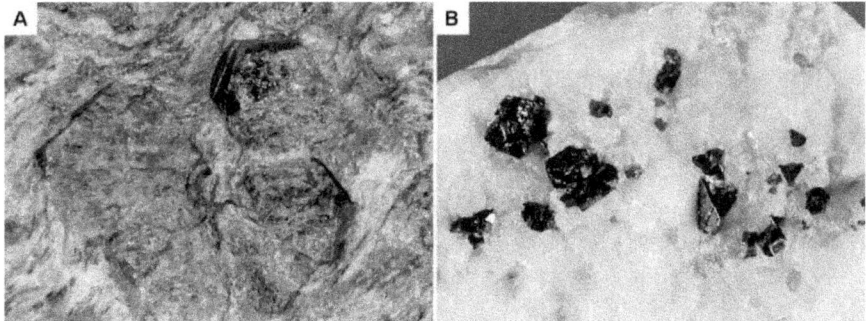

Abb. 31: Dominant-idiomorphe Edelsteine. **A)** *Rote gut ausgebildete Granatkristalle in kleinkörnigem leicht gefalteten Gneis;* **B)** *blaue Spinellkristalle in Marmor.*

Unkonventionalität

Sind Sie vielleicht unkonventionell? Dies kann sich in Äußerlichkeiten manifestieren (extravagante Frisur, Kleidung) oder, was in der Regel auch gewichtiger ist, im Lebensstil oder dem Verhalten. Tun Sie Dinge, die andere normalerweise nicht tun? Probieren Sie gerne etwas aus, was von vielen als ziellos, zeitverschwenderisch oder sogar gefährlich angesehen wird? Reagieren Sie öfters in einer Weise, die Ihre Mitmenschen überrascht oder irritiert? Schwimmen Sie allgemein gesagt gegen den Strom? In dem Fall können Sie sich als unkonventionelle Persönlichkeit bezeichnen. Dies gilt besonders dann, wenn Sie bewusst und mit einer gewissen inneren Zufriedenheit gegen die Konventionen handeln. Und wenn Sie damit etwas erreichen möchten, ein bestimmtes persönliches Ziel verfolgen oder der Menschheit auf diese Weise etwas mitteilen wollen.

Wenn die Beschreibung auf Sie zutrifft, wäre ein unkonventioneller Edelstein ein passender Lebensbegleiter. Damit sind solche Steine gemeint, die unpopulär und wenig bekannt sind oder selten zu Schmuck verarbeitet werden. Dies kann aus sehr unterschiedlichen Gründen der Fall sein. Die erste Gruppe unkonventioneller Steine sind sehr seltene Minerale, die nur von wenigen Händlern vertrieben werden und in einigen Fällen überaus wertvoll sein können. Wobei sich Seltenheit nicht nur auf das geologische Vorkommen bezieht, sondern in erster Linie auf die Verarbeitung zu Schmuck, die Häufigkeit im Handel und die Anzahl der Käufer. Edelsteine wie Diamant oder Smaragd sind in der Natur sehr selten, jedoch als Schmuck überaus populär und mit Vorliebe gekauft, so dass diese Steine keinesfalls unkonventionell sind.

Ferner kommen alle Minerale in Frage, die selten in ästhetischer Qualität gefunden werden, oder die aufgrund ihrer Eigenschaften (weich, zerfallend) schlecht verarbeitet werden können und von den meisten Käufern als zu empfindlich angesehen werden. Dies gilt z. B. für Fossilien, die aus Kalksubstanz bestehen und dadurch brüchig und säureempfindlich sind. Als letztes sind noch solche Steine zu nennen, die sehr häufigen Mineralen und Gesteinen entsprechen. Sie werden von vielen Menschen als zu normal oder zu preiswert angesehen, um als Schmuck verwendet zu werden. Dies zeigt jedoch, dass unkonventionelle Steine nicht teuer sein müssen, auch der kleine Geldbeutel findet genügend mineralische Anwärter.

Abb. 32: *Unpopuläre Edelsteine. A) Eklogit, in zahlreichen Gebirgen anzutreffen, jedoch selten als Schmuckstein verschliffen; B) Galaxyit, ein Gestein mit bläulichen Interferenzfarben; C) Phosphosiderit; D) Rapakivi-Granit, ein beliebter Ornamentstein, schöne rotbraune Kristalle mit grünen Säumen, selten als Schmuck angeboten; E) Rhodusit, gehört zur häufigen Mineralgruppe der Amphibole; F) Ulexit, senkrecht zur Faserrichtung geschliffen zeigt sich ein Lichtleitungseffekt, wobei darunter Befindliches so aussieht, als wäre es an der Oberfläche; daher im Englischen als 'television stone' bezeichnet.*

Beispiele unkonventioneller Edelsteine:
Amblygonit, Ammolith, Augendiorit, Axinit, Azurit, Baddeleyit, Belemnit, Benitoit, Beryllonit, Binghamit, Bixbit, Brasilianit, Californit, Catlinit, Chloromelanit, Connemara, Danburit, Diaspor, Diopsid, Dioptas, Eilatstein, Eklogit, Euklas, Fluorit, Fulgurit, Gabbro, Galaxyit, Hackmanit, Hauyn, Herkimerquarz, Hiddenit, Jeremejewit, Klinohumit, Klinoptilolith, Kornerupin, Lava, Lazulith, Moissanit, Moldavit, Nunderit, Nuumit, Pallasit, Pezzottait, Phenakit, Phosphosiderit, Piemontit, Porcellanit, Prasiolith, Rapakivi-Granit, Rhodizit, Rhodusit, Richterit, Sapphirin, Schalenblende, Scheelit, Schriftgranit, Septarie, Shattuckit, Shungit, Siberit, Sinhalit, Skapolith, Smaragdit, Smithsonit, Sonora Sunrise, Stichtit, Stromatolith, Taaffeit, Tektit, Thomsonit, Titanit, Triphan, Tsesit, Tugtupit, Ulexit, Vesuvian, Zinkit.

Geschwister

Eineiigen Zwillingen wird nachgesagt, dass sie eine besonders innige Verbindung haben, die ein Leben lang andauert. Nicht selten empfinden sie geradezu eine Seelenverwandtschaft. Doch auch bei zweieiigen Zwillingen oder einfachen Geschwistern kann es zu dieser besonderen Beziehung kommen, wenn sie beispielsweise seit der Kindheit aus welchen Gründen auch immer stetig zusammenhalten mussten. Wenn Sie zu den Menschen gehören, die sich einem Geschwisterteil besonders stark verbunden fühlen, können Sie es mit einem Edelstein zum Ausdruck bringen, der für häufige oder besonders ästhetische Kristallzwillinge bekannt ist.

Unter einer **Verzwillingung** bei Mineralen versteht man eine gesetzmäßige Verwachsung von Kristallen, die zu einer Erhöhung der Symmetrie führt. Ein Zwilling kann einspringende Winkel haben (Abb. 34B), was bei einem einzelnen Kristall niemals vorkommt. Je nach Zwillingsgesetz erfolgt die Verwachsung stets an äquivalenten Flächen, so dass Zwillinge derselben Mineralart und eines bestimmten Zwillingsgesetzes gleichartig aussehen. Abb. 33 zeigt Beispiele wichtiger Verzwillingungen. Ein Mineral, das in der Natur so gut wie immer verzwillingt auftritt, ist Plagioklas, ein Vertreter der Feldspat-Gruppe. Plagioklas bildet tafelige Kristalle, die an ihren großen Tafelflächen verwachsen und dabei viele Individuen in Reihe aneinanderwachsen. Dies wird als polysynthetische Verzwillingung bezeichnet. Mit den Varietäten Labradorit und Sonnenstein bietet Plagioklas zwei interessante und preisgünstige Edelsteine. Orthoklas, ein anderer Vertreter der Feldspat-Gruppe, bildet häufig Zwillinge nach dem Karlsbader Gesetz. Die entsprechende Edelsteinvarietät ist Amazonit.

Mineralkörner können verzwillingt sein, auch wenn man es von außen nicht sieht, da Kristalle oft keine guten Bedingungen vorfinden, ihre Idiomorphie auszuprägen bzw. grundsätzlich derb vorkommen. Mittels eines Analysemikroskops lässt sich eine Verzwillingung in solchen Fällen leicht beobachten, und nicht selten ist man überrascht, wie hoch die Zahl der verzwillingten Kristallindividuen ist. Die gilt z. B. für Aragonit (Abb.

34A) sowie Edelsteine der Cordierit-Gruppe (Iolith, Wassersaphir), die pseudohexagonale Drillinge bilden.

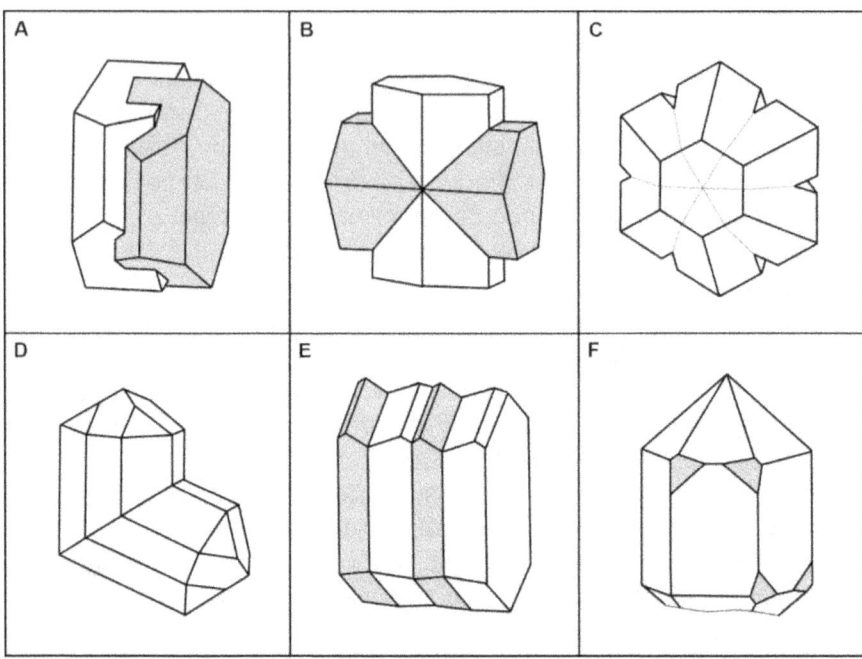

Abb. 33: Wichtige Kristallzwillinge. **A)** *Orthoklas-Zwilling nach dem Karlsbader Gesetz;* **B)** *Kreuzzwilling (Staurolith);* **C)** *Durchkreuzungsdrilling (Chrysoberyll), Verwachsungsflächen sind durch dünne Linien markiert;* **D)** *Kniezwilling, Rutil und in ähnlicher Form auch Cassiterit;* **E)** *Polysynthetische Zwillinge nach dem Albit-Gesetz (Plagioklas);* **F)** *Quarz-Zwilling nach dem Brasilianer-Gesetz, 2 Trapezoederflächen (in grauer Farbe) pro Prismenfläche.*

Ganz besondere Zwillinge gibt es beim Quarz, die in seinen grobkristallinen Varietäten (insbesondere Bergkristall) häufig vorkommen. Die Kristallstruktur von Quarz ist schraubenförmig. Und genauso wie es linke und rechte Schrauben gibt, existieren Links-Quarze und Rechts-Quarze. Entsprechend können zwei Links- oder zwei Rechts-Quarze verzwillingt sein (Dauphinéer-Gesetz) bzw. ein Links- und ein Rechts-Quarz (Brasilianer-Gesetz). Allerdings sind die beiden Zwillinge räumlich komplett ineinander verwoben, so dass die äußere Gestalt weitgehend einem nicht verzwillingten Kristall entspricht. Lediglich das mögliche Auftreten kleiner Trapezoederflächen (siehe Abb. 33F) verrät, ob und welcher

Zwilling vorliegt. Obwohl diese Flächen relativ selten vorkommen, haben Untersuchungen gezeigt, dass Quarzkristalle sehr häufig verzwillingt sind.

Beispiele für Edelsteine mit häufigen oder markanten Zwillingen: Alexandrit, Amazonit, Amethyst, Aragonit, Bergkristall, Cassiterit, Cerussit, Chrysoberyll, Citrin, Iolith, Labradorit, Morion, Phenakit, Rauchquarz, Rutil, Rutilquarz, Sanidin, Selenit, Sonnenstein, Staurolith, Wassersaphir.

Wenn Sie nicht unbedingt einen geschliffenen Edelstein haben möchten, so sind Kristallzwillinge besonders interessant. Aufgrund ihrer Ästhetik können sie als unbearbeiteter Stein zu einem reizvollen Schmuckstück werden. Die natürliche Schönheit des Minerals kommt in diesen Fällen noch besser zur Geltung und ist für viele ein Blickfang, da das Phänomen der Kristallverzwillingung wenig bekannt ist. Im Grunde ist dazu nicht einmal ein klassischer Edelstein notwendig. Wenn Sie die Gelegenheit haben, einen idiomorphen Karlsbader Zwilling eines gewöhnlichen Orthoklases (an Stelle der edlen Varietät Amazonit) zu erwerben, so ist dieser trotz seiner vielleicht etwas unscheinbaren Farbe ein optischer Anziehungspunkt und wirkt zudem sehr individuell.

Abb. 34: *Verzwillingte Kristalle. **A)** Säuliger Aragonit, 6-seitiger Querschnitt der Säulen bezeugt Durchdringungsdrillinge; **B)** Staurolith, oberer Teil eines x-förmigen Kristallzwillings mit einspringendem Winkel.*

Anpassungsfähigkeit

Manche Menschen haben eine ausgeprägte Fähigkeit, flexibel auf das Leben zu reagieren. Sie können sich bestimmten Neuerungen (Wohnort, Job, Schule) schnell anpassen und ins ungewohnte Umfeld integrieren. Sie haben die Gabe, überraschende Chancen des Lebens ohne großes Zögern zu nutzen. Zudem können sie aber auch auf negative Wendungen und tragische Ereignisse besonnen reagieren, sich den veränderten Umständen schnell anpassen und versuchen immer das Beste aus der Lage zu machen. Oft sind diese Menschen sehr kompromissbereit und können sich leicht mit Arbeitskollegen, Freunden, Lebenspartnern auf gemeinsame Vereinbarungen einigen.

Passend dazu gibt es flexible Minerale. Sie bilden in der Regel faserige oder blättrige Kristalle, die biegsam oder elastisch sind. Sie können sich verbiegen oder krumm wachsen, um dem Druck in der Erdkruste nachzugeben und sich den Bedingungen innerhalb eines Gesteinspaketes anzupassen. Natürlich sind solche Kristalle sehr empfindlich und zerbrechlich und eignen sich wegen ihrer schlechten Haltbarkeit nicht als Schmuckstein. Es gibt jedoch Fälle, in denen die Kristalle sehr kompakt oder ineinander verflochten sind, so dass sie für Schmuckzwecke eine hinreichend gute Stabilität mitbringen. In anderen Fällen sind die empfindlichen Kristalle von einem anderen härteren Mineral umschlossen, das wiederum die nötige Stabilität liefert.

Edelsteine mit faserigen Einschlüssen gleicher Orientierung (z. B. Tigerauge) werden bevorzugt parallel zur Faserrichtung geschliffen, so dass man quer dazu einen Lichtschein sehen kann. Dieser wandert beim Wechsel des Blickwinkels oder der Position der Lichtquelle über den Stein. Das ist besonders gut zu erkennen, wenn die Oberfläche des Steins leicht gewölbt geschliffen wurde. Das beschriebene Lichtspiel bezeichnet man als **Chatoyance** oder Katzenaugeneffekt.

> Beispiele für Edelsteine mit faserigem/blättrigem Gefüge:
> Charoit, Fuchsit, Lepidolith, Moosachat, Nuumit, Prasem, Rhodusit, Seraphinit, Silberauge, Skolezit, Thomsonit; außerdem alle feinfaserigen Quarzvarietäten (siehe Anhang 1).

Beispiele für chatoyierende Edelsteine:
Falkenauge, Katzenauge, Tigerauge; diverse andere Minerale.

Unter einem Katzenauge versteht man immer einen chatoyierenden Chrysoberyll. Tritt dieser Effekt in anderen Mineralen auf, so wird der entsprechende Mineralname vorangestellt, z. B Quarz-Katzenauge. Es gibt eine Reihe von Edelsteinen, die chatoyierend sein können, z. B.: Apatit, Diopsid, Kornerupin, Petalit, Quarz, Skapolith, Sillimanit, Turmalin.

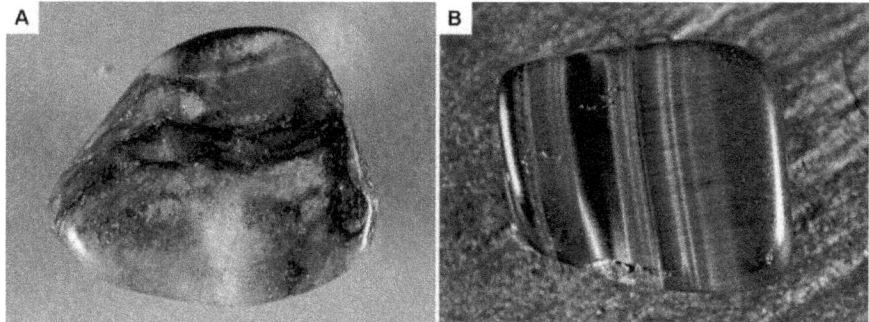

Abb. 35: *Edelsteine mit faserigem Gefüge.* ***A)*** *Prasem, ein Quarz mit Einschlüssen wirrfaseriger grüner Amphibole;* ***B)*** *Tigerauge, unterschiedlich hell schimmernde Bänder werden als Chatoyance oder Katzenaugeneffekt bezeichnet.*

Unbeschwertheit

Nach der klassischen Charakterologie gibt es einen amorphen Typ, der sich durch eine betont unbeschwerte Lebensweise auszeichnet, sowie die Fähigkeit besitzt, emotionalen Abstand zu den Problemen, Sorgen und Nöten seines sozialen Umfelds halten zu können. Er konzentriert sich auf sein Glück, versucht das Leben zu genießen, strebt nach persönlicher Freiheit und mag keine starren einengenden Regeln. Andererseits hat er keine festen Prinzipien und Standpunkte, ein Mensch ohne große Ecken und Kanten, kommt dadurch mit vielen gut aus, ist umgänglich, unbekümmert, ausgleichend und versöhnlich. Das Fehlen ausgeprägter Meinung und festgefahrener Wesensmerkmale lässt ihn leicht in Rollen schlüpfen. Er kann unter Umständen gut bluffen, flunkern und geschickt verhandeln.

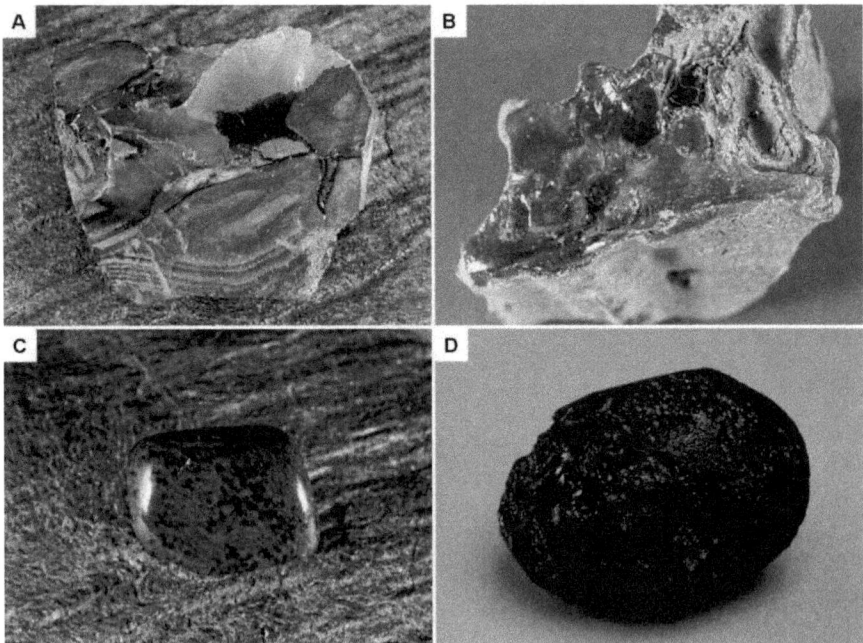

Abb. 36: *Amorphe Edelsteine.* **A)** *Boulderopal, Bezeichnung für australischen Opal, der Adern und Nester im bräunlichen Nebengestein bildet;* **B)** *Kopal, altes verhärtetes Baumharz, Vorstufe des Bernsteins;* **C)** *Mahagoniobsidian;* **D)** *Tektit, bei Einschlägen von Meteoriten entstandenes Gesteinsglas.*

Amorphe Edelsteine haben kein Kristallgitter. Die Materie ist in ihnen regellos, zufällig angeordnet, zu unförmigen Konkretionen geballt, die keine Kristallgestalt offenbaren. Die Formen sind rundlich ohne Ecken und Kanten. Eigentlich neigt die Natur dazu, feste Materie zu kristallisieren. Amorphe Minerale sind thermodynamisch nicht stabil, sie entstehen unter Ausnahmebedingungen durch Launen der Natur. Es wirkt fast so, als würden sich amorphe Steine nicht um die physikalischen Gesetze kümmern. Genauso wie sich der amorphe Charaktertyp weder um Regeln und an ihn gestellte Erwartungen noch um mögliche Probleme, seien es die eigenen oder die fremder Personen, kümmert. Wenn Sie ein sehr unbeschwerter Mensch sind, unbekümmert Ihr Leben leben, sich von anderen nicht „runterziehen" lassen und sich in mehreren Punkten der oben gegebenen Beschreibung des charakterologischen Typs wiederfinden, wäre ein amorpher Edelstein die richtige Wahl.

Beispiele für amorphe Edelsteine:
Bernstein, Fulgurit, Gagat, Kopal, Libysches Wüstenglas, Moldavit, Obsidian (alle Arten), Opal-Gruppe, Shungit, Tektit.

Offenheit

Ein besonderes Merkmal offener Menschen ist ihre Neugier auf Neues und eine relativ leichte Akzeptanz von Neuerungen. Die Offenheit kann sich dadurch äußern, dass sie sich häufig selbst neu erfinden und mit viel Phantasie ihren Look verändern, neue Hobbys ausprobieren oder ihre Interessen wechseln. Andererseits bedeutet Offenheit auch, neugierig und wohlwollend auf äußere Einflüsse zu reagieren. So interessieren sich offene Menschen für neues Essen, unbekannte Länder, nicht selten für Kunst und Literatur, und sie möchten viele Menschen kennen lernen. Sie sind aufgeschlossen gegenüber ungewöhnlichen Aktivitäten und Lebensansätzen, befassen sich unvoreingenommen mit neuen Ideen und freuen sich über gemachte Erfahrungen.

In der Mineralogie spricht man von **offenen Kristallstrukturen**, in denen die Atome nicht besonders dicht gepackt sind, die chemischen Bindungen teilweise schwach sind oder Lücken im Kristallgitter bestehen. Dies führt dazu, dass diese Steine offen auf die chemische Zusammensetzung ihrer Umgebung reagieren. Sie können fremde Substanzen in ihre Lücken aufnehmen oder Ionen aus der Umgebung gegen die aus dem Kristallgitter austauschen. Oft reagieren solche Steine empfindlich auf thermische Beanspruchung, quellen dabei auf oder geben Substanzen aus ihrem Gitter frei. Ein typisches Beispiel dafür sind Zeolithe, welche in ihrem dreidimensionalen Gitter kleine Lücken oder Kanäle enthalten, die zur Aufnahme fremder Substanzen fähig sind. Ein anderes Beispiel sind Schichtsilicate, bei denen die chemischen Bindungen innerhalb einer Schicht stark, zwischen den Schichten jedoch viel schwächer sind. So können in den Zwischenschichten leicht Moleküle adsorbiert oder fremde Ionen gegen bestehende ausgetauscht werden. Mitunter kann sich sogar der Abstand der Schichten verändern und damit an die Molekülgröße der aufzunehmenden Substanzen anpassen.

Aus diesem Grund werden Zeolithe und bestimmte Schichtsilicate in der Technik zur Filtrierung, Entkalkung und Reinigung verwendet. Eine weitere Nutzung liegt bei der Bodensanierung und anderen Bereichen des Umweltschutzes, bei denen es darum geht, Schadstoffe zu fixieren und ihre Bioverfügbarkeit zu reduzieren. Adsorptionsfähigkeit und Ionentauschkapazität sind die Eigenschaften der offenen Kristallgitter.

Zudem repräsentieren alle Steine das Persönlichkeitsmerkmal der Offenheit, die aufgrund ihrer **Porosität** Wasser und andere Substanzen aufnehmen und speichern können. Dabei kann es sich um Mikroporen handeln wie z. B. bei Howlith oder Achat. Beide Edelsteine können leicht künstlich gefärbt werden, weil sie offen für Farbpigmente sind und diese aufnehmen. Es gibt auch Steine mit größeren Poren, die mit dem bloßen Auge zu sehen sind (z. B. Lava, Koralle). Des Weiteren werden alle Opale zu den offenen Edelsteinen hinzugerechnet, da sie aus winzigen Kieselsäurekügelchen bestehen, zwischen denen Lücken existieren. Schließlich ist noch Shungit besonders erwähnenswert, ein ungewöhnliches Kohlegestein. Es enthält kugelförmige Kohlenstoffmoleküle (Fullerene), die einen Hohlraum in ihrer Mitte haben.

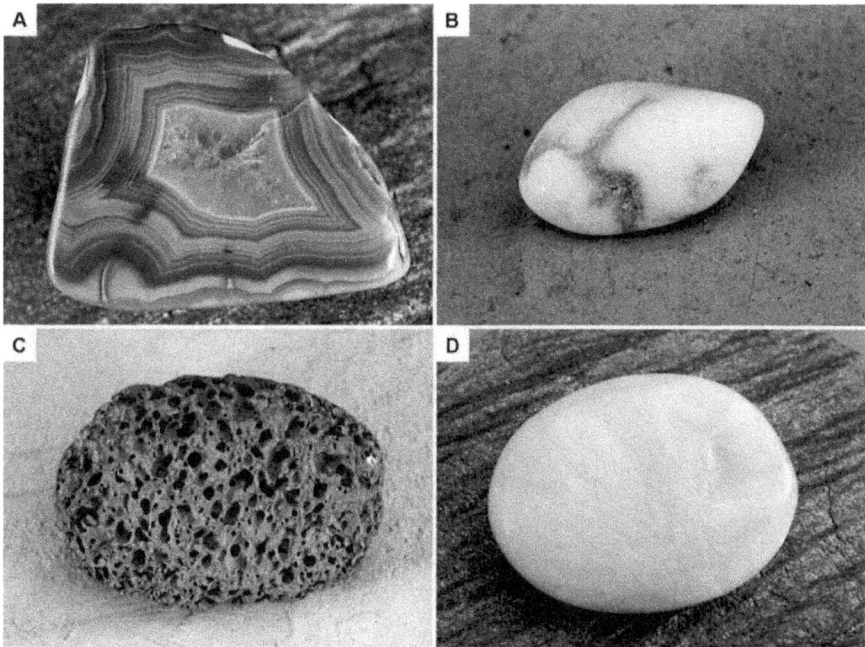

Abb. 37: *Edelsteine mit porösem Gefüge oder offener Kristallstruktur. **A)** Achat, mikroporös; **B)** Howlith, mikroporös; **C)** Lava, grobporös; **D)** Stilbit, ein Vertreter der Zeolithe mit offenem Kristallgitter.*

Offenheit ist ein Persönlichkeitsmerkmal, das in der Gesellschaft in einer mittleren Ausprägung besonders häufig anzutreffen ist. Wenn Sie der Meinung sind, sich durch eine überdurchschnittliche Offenheit auszuzeichnen, so können Sie dies mit einem Edelstein symbolisieren, der ein offenes Kristallgitter besitzt, Poren enthält oder einer Mineralfamilie angehört, welche über Adsorptions- und Ionentauschvermögen verfügt.

Beispiele für Edelsteine mit offenem Kristallgitter oder porösem Gefüge:
Achat, Alabaster, Apophyllit, Fuchsit, Fulgurit, Howlith, Klinoptilolith, Koralle, Larimar, Lava, Lepidolith, Opal-Gruppe, Seraphinit, Serpentin, Shungit, Silberauge, Skolezit, Stilbit, Thomsonit.

Interessen

Ein Mensch wird nicht nur durch seine Charakterzüge definiert, sondern auch durch all die Themen, die ihn interessieren und damit seine Wahl von Beruf, Hobby und Bildung beeinflussen. Edelsteine können verschiedene Themenkomplexe symbolisieren, was im folgenden Kapitel näher beleuchtet wird. Wenn Sie eines oder mehrere der beschriebenen Interessensgebiete teilen, so dienen die dort aufgeführten Edelsteine dazu, diese Facette Ihrer Person zu verkörpern.

Der erste Themenkomplex umfasst **Tiere und Pflanzen**, ferner Ökologie, Evolution, Umwelt, Natur. Diese Themen werden einerseits durch solche Steine symbolisiert, die nach einem Tier oder einer Pflanze benannt sind, andererseits durch biogenetische Steine, die aus oder durch Organismen entstanden sind. Letztgenannte beschränken sich nicht nur auf heutige Organismen, sondern schließen Versteinerungen (Fossilien) und fossilienführende Gesteine aus früheren geologischen Epochen ein.

Beispiele für naturbezogene Edelsteine:
- Tier-/Pflanzennamensteine:
  Baumachat, Baumstein, Chrysanthemenstein, Dalmatinerstein, Falkenauge, Ivoryit, Katzenauge, Leopardenstein, Mahagoniobsidian, Moosachat, Moosopal, Pistazit, Regenwaldstein, Rosenquarz, Schlangenhautachat, Schlangenhautjaspis, Tigerauge, Tigereisen, Zebrajaspis, Zebramarmor;
- Edelsteine aus ehemaliger Biomasse:
  Bernstein, Gagat, Kopal, Shungit;
- Biogene mineralische Edelsteine:
  Koralle (rezent), Perle, Perlmutt;
- Fossilien und fossilienführende Gesteine:
  Ammolith, Ammonit, Belemnit, Holzstein, Koralle (fossil), Orthoceras, Schlangenstein, Stromatolith, Trochit, Turitella-Achat.

Wer sich mit **Wissenschaften,** Logik, Geometrie oder Philosophie beschäftigt, analytisch arbeitet oder Schach spielt, benötigt einen klaren logischen Verstand und oftmals mathematisch-geometrisches Verständnis. Dies repräsentieren Edelsteine, die besonders klar und durchsichtig sind, geometrisch schöne Formen und bevorzugt idiomorphe Kristalle bilden.

Abb. 38: Edelsteine, die Interessen symbolisieren. Für Tiere, Pflanzen und Natur stehen **A)** Holzstein, versteinertes Holz; **B)** Koralle, fossil; **C)** Leopardenstein, fleckiges Muster mit schwarzen Säumen erinnert an das Fell der Großkatze; **D)** Turitella-Achat, verkieseltes Sediment mit Schneckenschalen. Für die Wissenschaft und Logik stehen beispielsweise **E)** Bergkristall, die farblose Varietät des Quarzes bildet oft schöne Kristalle; **F)** Kunzit, mit ausgeprägtem Pleochroismus farblos - lila/rosa.

Beispiele für durchsichtige idiomorphe Edelsteine:
Amblygonit, Amethyst, Andalusit, Apatit, Apophyllit, Axinit, Bergkristall, Beryll-Gruppe, Brasilianit, Calcit, Cerussit, Citrin, Coelestin, Demantoid, Dioptas, Epidot, Fluorit, Hessonit, Hiddenit, Indigolith, Kunzit, Peridot, Phenakit, Pyrop, Rauchquarz, Rhodizit, Rhodolith, Rubellit, Sanidin, Selenit, Skapolith, Stilbit, Tansanit, Titanit, Topas, Topazolith, Tsavorit, Verdelith, Vesuvian.

In der **Meditation und Harmonie** herrschen rundliche weiche Formen vor. Wenn Sie sich dafür interessieren bzw. für verwandte Themen, wie Esoterik, Entspannung oder Feng Shui, kommen Edelsteine in Frage, die keine Ecken und Kanten zeigen, zumindest nicht mit bloßem Auge betrachtet. Dies ist besonders in mikrokristallinen Steinen umgesetzt. Die winzigen Kriställchen sind nicht sichtbar und außerdem kompakt zusammengeschweißt. Mikrokristalline Aggregate sind rundlich und können als knollig, nierig oder traubig bezeichnet werden. Wachstumszonen (z. B. bei Malachit, Rhodochrosit) oder Einschlüsse von Fremdmineralen (z. B. bei Türkis) können kreisförmige, gewellte, geschwungene, unregelmäßige Muster erzeugen. In diese Kategorie können auch grobkörnige Gesteine fallen, deren harmonisches Muster durch spezielle Wachstumsbedingungen entstanden ist (z. B. Augendiorit) oder, wie in Metamorphiten, einer deformationsbedingten Faltung entspricht (z. B. Gneis, Serpentinit).

Beispiele für harmonisch geformte/gemusterte Edelsteine:
Augendiorit, Boulderopal, Botswana-Achat, Chrysokoll, Eldarit, Feuerstein, Gneis, Hemimorphit, Howlith, Koralle (fossil), Larimar, Lapislazuli, Leopardenstein, Magnesit, Malachit, Perle, Popjaspis, Rapakivi-Granit, Rhodochrosit, Schalenblende, Serpentin, Smithsonit, Stromatolith, Thomsonit, Tsesit, Türkis, Variscit.

Wenn Sie ein Faible für **Kunst, Musik, Literatur** haben oder sich in irgendeiner Weise für kreativ halten, können Sie einen Edelstein tragen, dessen Name auf diese Gebiete hindeutet. Außerdem kommen alle Edelsteine in Frage, die durch Fremdeinlagerungen oder eine polymineralische Zusammensetzung ein unregelmäßiges Muster zeigen, ähnlich einem abstrakten Gemälde. Das Muster sollte hier nicht harmonisch sein, also keine oder nur untergeordnet runde Formen aufweisen, sondern gebändert, wirr gestrichelt oder fleckig. Außerdem kommen solche Steine in Frage, in deren Muster man ein Motiv erkennen kann, wenn auch mit etwas Phantasie. Und all diejenigen, die sich besonders für Literatur und Dichtung interessieren, könnten einen Schriftgranit wählen oder einen Edelstein, der das zu Ehren von Johann Wolfgang von Goethe benannte Mineral Goethit enthält.

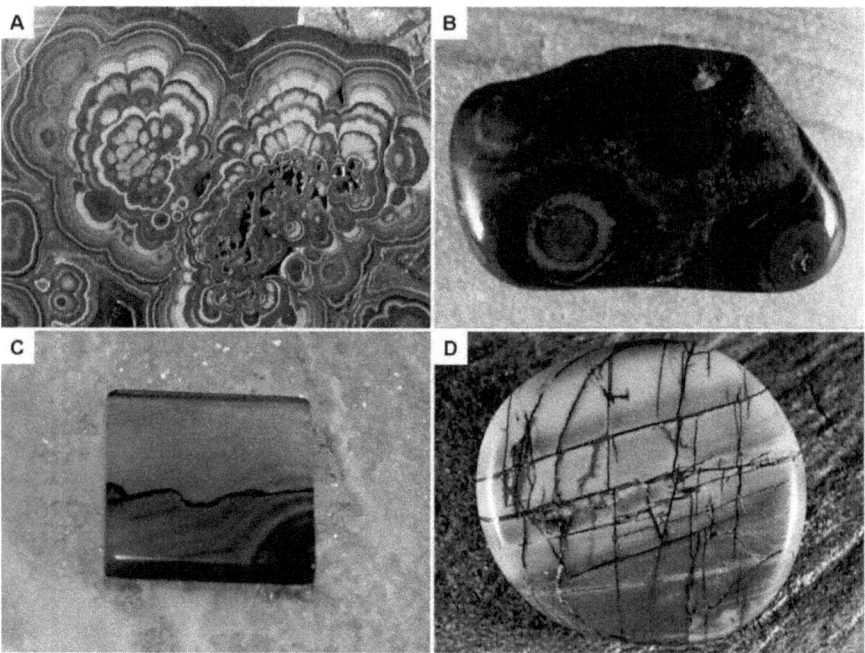

Abb. 39: *Edelsteine, die Interessen symbolisieren (Teil 2). Runde Formen und komplette Kreise erzeugen ein harmonisches Muster wie bei **A**) Malachit; **B**) Popjaspis. Symbole für Kunst sind **C**) Landschaftsachat, dessen Muster an ein Landschaftsgemälde erinnert; **D**) Picassojaspis, mit abstraktem Strichmuster.*

Beispiele für kunstassoziative Edelsteine:
- Kreative Namenssteine:
  Picassojaspis, Phonolith, Schriftgranit;
- Goethit enthaltende Steine:
  Binghamit, Goethitquarz, Pietersit, Tsesit;

- Unregelmäßig, fleckig, schlierig u. abstrakt gemusterte Edelsteine:
  Anyolit, Azurmalachit, Bandjaspis, Black-Lace-Achat, Brekzienjaspis, Bronzit, Charoit, Chiastolith, Chloromelanit, Crazy-Lace-Achat, Dolomit (gebändert), Eilatstein, Eklogit, Fluorit (multicolor), Gabbro, Heliotrop, Lapislazuli, Nunderit, Pietersit, Pinolith, Polychromjaspis, Porphyr, Porcellanit, Regenwaldstein, Rhodonit, Rubin-Fuchsit, Sardonyx, Schlangenstein, Septarie, Serpentinit, Shattuckit, Silberauge, Sodalith, Sonora Sunrise, Sugilith, Tigereisen, Turmalinquarz, Unakit, Verdit, Zebrajaspis, Zebramarmor
- Motiv-Edelsteine:
  Baumstein (Dendritenachat), Dalmatinerstein, Landschaftsachat, Landschaftsstein, Leopardenstein, Moosachat, Schneeflockenobsidian.

In einigen Fällen gibt es einen fließenden Übergang zum vorherigen Interessensgebiet (Meditation). Das Muster mancher Edelsteine kann erheblich variieren, mal rundlicher und mal eckiger sein, so dass man im Einzelfall entscheiden muss, ob dieser Stein eher abstrakt oder harmonisch gemustert ist und damit mehr Kunst oder Meditation symbolisiert. Beispiele: Achat, Chalcedon, Dr.-Liesegang-Stein, Jade, Onyxmarmor, Psilomelan, Serpentinit.

Das Interesse für das **Universum**, aber auch für Astrologie und Horoskope wird am besten durch extraterrestrische Steine symbolisiert. Dabei handelt es sich um Meteorite oder um Gesteine, die durch Impaktereignisse entstanden sind und Materie der eingeschlagenen Meteorite enthalten können. Oktaedrite, eine Klasse der Eisenmeteorite, wirken mit ihren Widmannstättenschen Figuren (Abb. 40B) sehr dekorativ und exotisch. Weitere Edelsteine mit einer Assoziation zum Universum, sind solche, die vom Aussehen an das Weltall erinnern oder deren Name auf dieses Gebiet hindeutet. Die beste optische Affinität bietet Lapislazuli. Die winzigen eingeschlossenen Pyrit-Kriställchen funkeln vor dunkelblauem Hintergrund wie Sterne am Himmel der späten Dämmerung. Weitere Beispiele sind der silbern bis blau schimmernde Mondstein, der rot schimmernde Sonnenstein oder Girasol, dessen silbern-bläulicher

Lichtschein an die Mondsichel erinnert. Außerdem Rutilquarz mit seinen eingeschlossenen gelben nadeligen Kristallen, von denen man früher dachte, es wären versteinerte Sonnenstrahlen.

Darüber hinaus sind alle Edelsteine zu erwähnen, die den Effekt des **Asterismus** zeigen. Diese Steine enthalten feine, mit dem bloßen Auge nicht sichtbare Einschlüsse nadeliger Kriställchen einer anderen Mineralart. Die Einschlüsse kommen in zwei oder drei Scharen vor, die sich im Winkel von 90° oder häufiger von 60° kreuzen. Jede Schar erzeugt einen silbrigweißen Lichtschein, der beim Verändern des Blickwinkels über den Stein wandert, so dass die Edelsteine 6-strahlige, in selteneren Fällen 4-strahlige sternförmige Muster offenbaren. Eine sehr gute Assoziation zum Nachthimmel bietet Stern-Saphir, mit seiner 6-strahligen hellen Lichtfigur auf dunkelblauem Hintergrund. Der Asterismus kommt in verschiedenen Mineralen/Edelsteinen vor, der betreffende Stein erhält dann das Vorsatzwort „Stern", gefolgt vom regulären Steinnamen (z. B. Stern-Quarz, Stern-Turmalin). Besonders die natürlich entstandenen Rubine und Saphire mit Asterismus sind seltene und wertvolle Edelsteine.

> Beispiele für Edelsteine mit Assoziation zum Universum:
> Astrophyllit, Eldarit, Galaxyit, Girasol, Lapislazuli, Larvikit, Libysches Wüstenglas, Moldavit, Mondstein, Oktaedrit, Pallasit, Rutilquarz, Sonnenstein, Stern-Diopsid, Stern-Rubin, Stern-Saphir, Tektit.

Wenn Sie **Naturheilkunde und Naturvölker**, ferner prähistorische Kulturen, indigene Völker, Schamanismus interessant finden, können Sie dies mit einem Stein zum Ausdruck bringen, der in besonderem Maße für kultische, praktische oder heilende Zwecke benutzt wurde bzw. immer noch in dieser Weise verwendet wird. Dies sind zum einen alle während der Steinzeit zu Werkzeugen oder Waffen verarbeiteten Steine (z.B. Feuerstein, Porcellanit, Obsidian). Zum anderen Steine, die für zeremonielle und spirituelle Belange Verwendung fanden. Ein Beispiel ist Catlinit, aus dem nordamerikanischen Indianer ihre Pfeifen hergestellt haben. Ein anderes Beispiel für einen kultischen Edelstein ist Bernstein, bereits vor Jahrtausenden als zeremonielles Räucherwerk benutzt. Außerdem kommen die Edelsteine in Betracht, die als Heilsteine im Buch der Hildegard von Bingen Erwähnung fanden.

Beispiele für kultisch und prähistorisch relevante Edelsteine:
Achat, Alabaster, Almandin, Amethyst, Bergkristall, Bernstein, Catlinit, Chalcedon, Chrysopras, Diamant, Feuerstein, Heliotrop, Jade, Jaspis, Karneol, Kopal, Mookait, Nephrit, Obsidian, Onyx, Peridot, Perle, Porcellanit, Prasem, Pyrop, Rubin, Saphir, Sardonyx, Smaragd, Topas, Verdit, Zirkon.

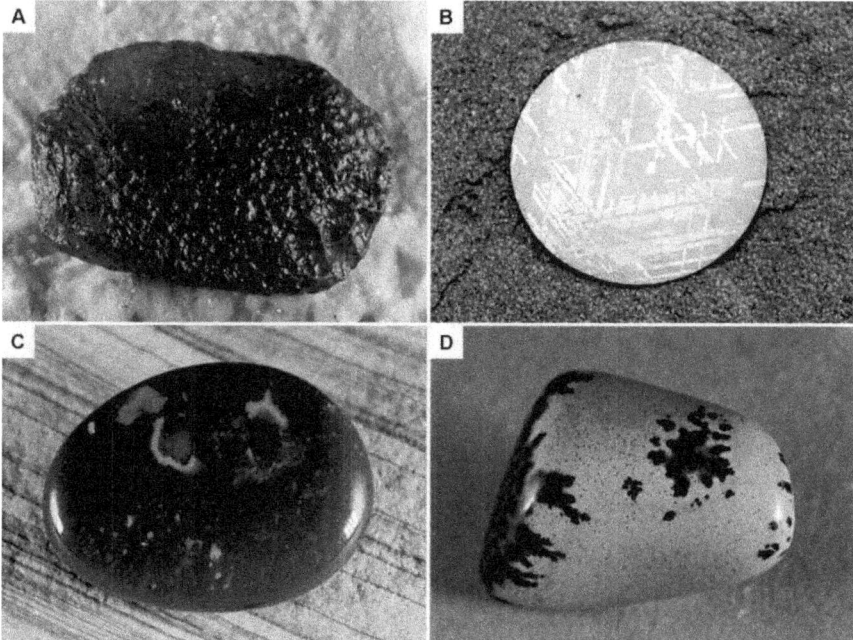

Abb. 40: Edelsteine, die Interessen symbolisieren (Teil 3). Für das Universum stehen **A)** Moldavit, ein durch Meteoriteneinschlag entstandenes Impaktglas; **B)** Oktaedrit, ein Meteorit, dessen lamellenförmige Verwachsung zweier Eisen-Nickel-Minerale als Widmannstättensche Figuren bezeichnet werden. Prähistorische Kulturen werden von Edelsteinen verkörpert, die früher zu Steinwerkzeugen verarbeitet wurden, wie beispielsweise **C)** Feuerstein; **D)** Porcellanit.

Länder und Regionen

Es kommt häufig vor, dass sich Menschen für andere Länder interessieren, weil sie dort gelebt haben, Freunde haben, gerne den Urlaub verbringen, die dortige Sprache beherrschen, die Küche mögen oder die Kultur und Mentalität schätzen. In jedem Fall sind emotionale Verbindungen zu einem Land eine beachtenswerte Seite der Persönlichkeit, die man mit einem entsprechenden Edelstein zum Ausdruck bringen kann. Es gibt eine Reihe von Gründen, warum ein Stein ein bestimmtes Land repräsentiert. Dies ist der Fall, wenn der Edelstein...

- nach dem Land benannt wurde, bzw. nach einem dort befindlichen Berg, Fluss, Ort oder einer Region;
- nach einer Person benannt wurde, die in dem betreffenden Land berühmt war;
- in dem Land entdeckt wurde;
- nur in diesem Land vorkommt;
- in dem Land die wichtigste Lagerstätte hat oder dort in besonders guter Qualität zu finden ist;
- in der dortigen Kultur einen besonderen Status genießt und seit langem für kultische oder künstlerische Zwecke verwendet wird;
- in der Antike oder im Mittelalter in dem Land abgebaut wurde und dieses Vorkommen damals von großer Bedeutung war.

Häufig kommt ein Edelstein nur an einem Ort eines Landes vor, so dass eine Assoziation mit dem gesamten Land vielleicht zu weit geht. Man könnte z. B. Achat dem Hunsrück zuordnen, da dort in der Nähe von Idar-Oberstein dieser Edelstein abgebaut wurde und in früheren Jahrhunderten diese Fundstelle eine große Bedeutung hatte. Peridot symbolisiert die Kanareninsel Lanzarote, da er dort gefunden und zu Schmuck verarbeitet wird. Shattuckit wurde in Arizona entdeckt und nach der dortigen Mine benannt, so dass dieser Stein den betreffenden US-Staat repräsentieren kann.

Auf der anderen Seite kommen Edelsteine in mehreren (angrenzenden) Ländern vor, so dass eine Zuordnung zu einer größeren Weltregion sinnvoll wäre. So könnte Bernstein den gesamtem Ostseeraum symbolisieren oder die Koralle alle tropischen Inseln. Und der vorhin erwähnte

Shattuckit steht für alle Länder des afrikanischen Kupfergürtels (Namibia, Kongo u.a.), in denen er heute hauptsächlich gefunden wird. Nun spielt aber in unserer Zeit die politische Einteilung der Welt in Länder eine herausragende Rolle, was in der unten befindlichen Liste, die keinen Anspruch auf Vollständigkeit erhebt, zum Tragen kommt. Dem motivierten Leser bleibt es natürlich überlassen, einen Edelstein zu suchen, der die Region seines Interesses außerhalb der staatlichen Einteilung in geeigneter Weise verkörpert.

Länder und mit ihnen assoziierte Edelsteine:

Afghanistan	Lapislazuli
Ägypten	Libysches Wüstenglas, Peridot
Australien	Boulderopal, Edelopal, Mookait, Nunderit, Stichtit, Zitronenchrysopras
Argentinien	Rhodochrosit
Bolivien	Ametrin, Stromatolith
Brasilien	Achat, Amazonit, Amethyst, Brasilianit, Euklas
Botswana	Botswana-Achat
China	Chrysanthemenstein, Jade
Chile	Lapislazuli
Dänemark	Kornerupin
Deutschland	Achat, Bernstein, Dr.-Liesegang-Stein, Hessonit, Spessartin, Variscit
Dominik. Republik	Bernstein, Larimar
Finnland	Labradorit, Spectrolith
Frankreich	Augendiorit, Hauyn, Staurolith
Griechenland	Chalcedon, Porfido verde
Grönland	Nuumit, Tugtupit
Großbritannien	Gagat, Hämatit, Smithsonit
Honduras	Matrixopal
Indien	Apophyllit, Heliotrop, Moosachat, Schlangenstein, Stilbit
Irland	Connemara, Taaffeit
Israel	Eilatstein
Italien	Achat, Covellin, Dolomit, Elbait, Obsidian, Piemontit, Vesuvian
Japan	Perle, Sugilith

Kanada	Ammolith, Howlith, Labradorit
Kenia	Tsavorit
Kolumbien	Smaragd
Kongo	Malachit

Abb. 41: *Edelsteine, die Länder repräsentieren.* ***A)*** *Amazonit, benannt nach dem Fluss in Brasilien;* ***B)*** *Botswana-Achat;* ***C)*** *Charoit, nur aus einem sibirischen Fundort in Russland bekannt;* ***D)*** *Larimar, das bedeutendste Vorkommen liegt in der Dominikanischen Republik;* ***E)*** *Larvikit, benannt nach einer Stadt in Norwegen, zeigt je nach Lichteinfall stellenweise blaue Interferenzfarben;* ***F)*** *Pietersit, wird nur in Namibia gefunden.*

Kroatien	Dalmatinerstein
Litauen	Bernstein
Mali	Prehnit
Madagaskar	Coelestin, Eldarit, Ozeanachat, Ozeanjaspis, Pezzottait, Polychromjaspis
Marokko	Orthoceras, Kobaltcalcit
Mexiko	Crazy-Lace-Achat, Eldarit, Feuerachat, Feueropal, Regenbogenobsidian, Sonora Sunrise
Myanmar	Imperial-Jade, Chloromelanit (Mawsitsit), Rubin
Namibia	Jeremejewit, Pietersit, Shattuckit, Tsesit
Neuseeland	Nephrit, Perlmutt (der Paua-Schnecke)
Norwegen	Larvikit, Thulit
Österreich	Almandin, Bronzit, Dravit, Epidot, Pinolith
Peru	Andenopal
Polen	Bernstein, Chrysopras, Schalenblende
Rumänien	Rhodochrosit
Russland	Alexandrit, Astrophyllit, Charoit, Chromdiopsid, Eudialyt, Jeremejewit, Seraphinit, Shungit, Uvarovit
Schweden	Petalit, Scheelit
Schweiz	Smaragdit
Spanien	Andalusit, Aragonit, Peridot
Sri Lanka	Hilutit, Padparadscha, Saphir, Sinhalit
Slowakei	Edelopal
Slowenien	Dravit
Südafrika	Falkenauge, Richterit, Sugilith, Tigerauge, Verdit
Tansania	Anyolit, Tansanit
Thailand	Rubin
Tschechien	Moldavit
Türkei	Diaspor, Gagat, Türkis
Uruguay	Amethyst
USA	Apachenträne, Benitoit, Binghamit, Bixbit, Californit, Catlinit, Goshenit, Herkimerquarz, Hiddenit, Morganit, Shattuckit, Thomsonit, Türkis, Unakit, Variscit

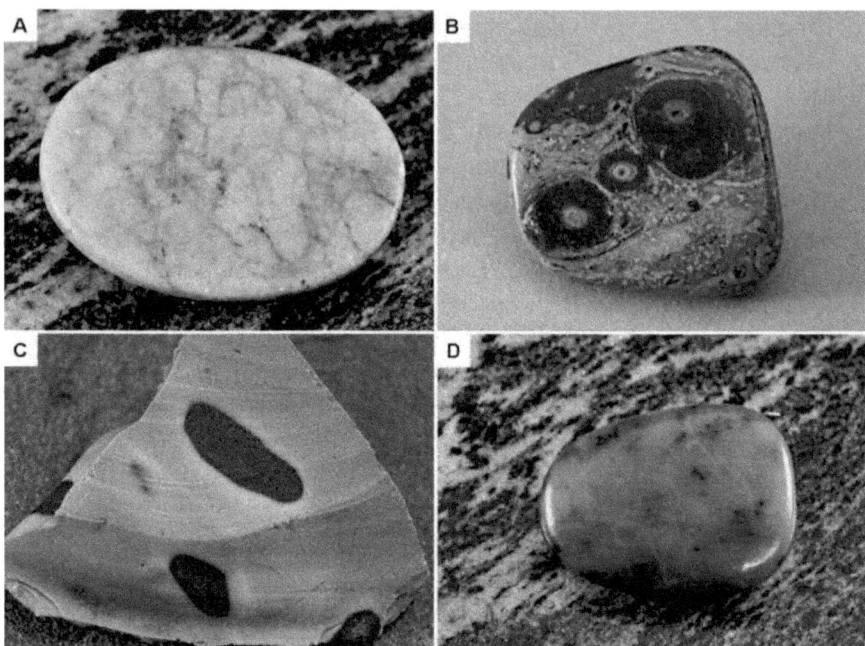

Abb. 42: *Edelsteine, die Länder repräsentieren (Teil 2).* ***A)*** *Connemara, ein in Irland zu findendes Gestein;* ***B)*** *Eldarit, stammt aus Madagaskar;* ***C)*** *Mookait, eine australische Jaspisart;* ***D)*** *Jade, bereits seit der Antike in China verwendet.*

Aspekte der Edelsteinberatung

Auswahlprinzipien

In den vorangegangenen Kapiteln wurden die Edelsteine präsentiert, die mit den unterschiedlichsten Seiten menschlicher Persönlichkeiten korrespondieren. Man kann drei Arten unterscheiden, wie und in welcher Hinsicht ein passender Stein für eine Person ausgesucht wird. Bei der ersten Art, der Einzelzuordnung, wird ein bestimmtes Merkmal des Menschen herausgepickt und ein Stein gesucht, der dieses Merkmal in besonders deutlicher Weise verkörpert. Bei der zweiten Art, der kombinierten Analyse, versucht man für möglichst viele Persönlichkeitsmerkmale einen Edelstein zu finden. Und bei der dritten Art, der progressiven Zuordnung, wird der Stein passend zu zukünftigen Vorhaben und persönlichen Entwicklungsschritten ausgewählt.

Einzelzuordnung

Überlegen Sie nun, welchen Charakterzug oder welches Interesse bzw. Ereignis Sie durch einen Edelstein symbolisieren, vertiefen und stärker ins Bewusstsein rücken möchten. Wenn Sie einen passenden Stein am Körper tragen oder in der Wohnung gut sichtbar platzieren, werden Sie stetig an diese Seite Ihres Lebens erinnert. Vielleicht gibt es ein Wesensmerkmal, das bei Ihnen außergewöhnlich stark ausgeprägt ist, so dass es Ihr Leben und Ihr Handeln dominiert. Suchen Sie in dem Fall einen Stein mit der analogen Eigenschaft, so wird er die Essenz Ihres Daseins darstellen.

An dieser Stelle sollen ein paar Beispiele Ihre Phantasie anregen. Sind Sie ein ausgesprochen extrovertierter Mensch, so wäre ein Stein mit flächenzentriertem Gitter passend; Sie könnten in diesem Fall einen Spinell wählen. Beobachten Sie leidenschaftlich gerne Sterne, können Sie dies mit einem extraterrestrischen Stein, d.h. einem Meteorit unterstreichen. Haben Sie mehrmals Urlaub in Norwegen verbracht und Gefallen an der dortigen Landschaft und Mentalität der Einheimischen gefunden, so vertiefen Sie Ihr Interesse mit einem für das Land typischen Edelstein, wie dem Thulit. Wenn Sie ein besonders romantischer Mensch sind, wäre ein lilafarbener Stein geeignet, wie etwa der Lavendeljade.

Haben Sie einen hochspezialisierten Beruf, der auch Ihrem Hobby entspricht, so wählen Sie einen Edelstein, der auf wenige geologische Bedingungen spezialisiert ist und nur an wenigen Orten der Welt vorkommt, wie zum Beispiel Pezzottait. Und wenn Sie überaus kosmopolitisch gesinnt sind und kein Lebenszentrum im Sinne von regional beschränktem Heimatgefühl haben, wäre ein Turmalinquarz ein geeigneter Wegbegleiter. Beide Minerale (Turmalin und Quarz) sind azentrisch und gemeinsam ein starkes Analogon des Charakterzuges.

Wenn Sie den Edelstein in der Hand halten, dann werden Sie sich des betreffenden Merkmals bewusst. Freuen Sie sich, dass Sie einen positiven Charakterzug so stark ausgeprägt haben und seien Sie stolz darauf, dass Sie ihn haben. Nicht alle Menschen können sich glücklich schätzen, diese Eigenschaft ebenfalls zu besitzen. Wenn Sie dagegen einen Edelstein nach einem bestimmten Ereignis (z. B. Reise) ausgesucht haben, dann erinnern Sie sich an dieses, freuen sich über die verbrachte Zeit und die schönen oder interessanten Erlebnisse. Bauen Sie zum dem Stein eine Verbindung auf, werden Sie sich bewusst, dass er einen Teil Ihres Lebens repräsentiert.

Kombinierte Analyse

Bei der Lektüre dieses Buches haben Sie bestimmt gemerkt, dass zu jedem Persönlichkeitsmerkmal mehrere oder sogar viele Edelsteine in Frage kommen. Umgekehrt hat jeder Edelstein viele Eigenschaften und kann eine ganze Reihe von Merkmalen eines Menschen gleichzeitig verkörpern. So bietet es sich an, mehrere Seiten einer Person in einem Edelstein zusammenzufassen. In diesem Fall wird die kombinierte Analyse angewendet.

Nehmen Sie beispielsweise an, Sie sind ein betont fröhlicher Mensch, geben sich oft ausgelassen, sind im Berufsleben sehr durchsetzungsstark, dominieren auch im privaten Umfeld und Ihre große Leidenschaft sind Urlaubsreisen in Afrika. Diese Merkmale erfordern einen orangefarbenen Stein (Symbol für fröhlich und ausgelassen), der dominantidiomorph ist (z. B. Granatgruppe) und hauptsächlich in Afrika gefunden wird. Ein möglicher Persönlichkeitsstein wäre Mandaringranat. Angenommen Sie sind in Ihrer Heimatregion sehr verwurzelt und haben damit ein festes Lebenszentrum (Stein mit Symmetriezentrum), fühlen sich junggeblieben und gehen spielerisch ans Leben (Stein mit rosa Farbe), Ihr Lebenslauf ist voller Wendungen (veränderlicher Stein, z. B. pleochroitisch) und Sie gehen meistens abwägend zwischen mehreren Alternativoptionen ans Werk (optisch zweiachsiger Stein). Die vier Eigenschaften finden sich in einem einzigen Edelstein, nämlich im Kunzit.

Und schließlich noch ein letztes Beispiel. Sie pflegen einen individuellen Kleidungsstil, versuchen mit innovativen und ungewöhnlichen Ideen Ihre Mitmenschen zu überzeugen. Sie streben ferner danach, dies geschäftlich umzusetzen und mit sachlichem Kalkül erfolgreich zu werden. In dem Fall benötigen Sie einen unpopulären Edelstein (entspricht Unkonventionalität) mit hoher Lichtbrechung (Ehrgeiz) und schwarzer Farbe (Rationalität und Individualität). Dies trifft beispielsweise auf Baddeleyit zu.

Es werden nicht alle Persönlichkeitsmerkmale eine Entsprechung in einem einzigen Edelstein finden. Manche Kombinationen von Steineigenschaften sind häufig, andere dagegen selten oder gar nicht verwirklicht. Das Ziel ist es, Steine zu finden, die möglichst viele der persönlichen Merkmale widerspiegeln, so dass man am Ende drei, vier oder fünf Edelsteine herausarbeitet, die jeweils ein paar Eigenschaften vereinigen und gemeinsam ein möglichst komplettes Abbild des Lebens und Charakters der betreffenden Person liefern.

Die kombinierte Analyse ist das **Herzstück der Beratung auf Grundlage der anthropomorphen Gemmologie.** Sie ist recht aufwendig, bietet aber ein umfassendes Ergebnis von Analogien zwischen Mensch und Stein. Diese Methode ermittelt die Edelsteine, die unter Berücksichtigung aller Facetten und Charaktermerkmale am besten eine Persönlichkeit verkörpern.

Wenn Sie nun Ihre Persönlichkeitssteine anschauen, erkennen Sie sich selbst in ihnen. Angesichts der steinernen Entsprechung Ihres Naturells können Sie Zufriedenheit über die vielen guten Wesenszüge empfinden. Verinnerlichen Sie die spezielle (vielleicht sogar einmalige) Kombination aller Ihrer persönlichen Merkmale. Werden Sie sich Ihrer Einzigartigkeit bewusst. Lassen Sie Ihrer eigenen Person Wertschätzung zukommen, so wie seltene Edelsteine geschätzt werden und nehmen dies als Quelle zu mehr Selbstbewusstsein und Lebensfreude.

Progressive Auswahl

Die bisher erwähnten Auswahlprinzipien beziehen sich auf den Ist-Zustand, mit dem Ziel einer Steinfindung passend zur aktuellen Persönlichkeit und den heutigen Interessen und Vorlieben. Eine weitere Möglichkeit ist die progressive Zuordnung, bei der zukünftige Ziele, Pläne, Projekte und Entwicklungen die entscheidende Rolle spielen. Das Ziel dieser Variante ist es, einen Stein zu finden, der Ihre Vorhaben im Leben oder die Weiterentwicklung bestimmter Charakterzüge repräsentiert.

Ein paar Beispiele sollen den letzten Aspekt der Edelsteinberatung verdeutlichen. Nehmen wir an, Sie hatten in letzter Zeit etwas Pech, was Sie sehr getroffen hat und Sie daraufhin die Flinte etwas vorschnell ins Korn geworfen haben. Ihr Entwicklungsziel könnte lauten, robuster mit Rückschlägen umzugehen und anstatt aufzugeben, mit mehr Gelassenheit zu reagieren und Ihren Weg beharrlich weiterzugehen. Passend dazu wäre ein robuster (harter und verwitterungsresistenter) Stein von grüner Farbe (Symbol für Gelassenheit und Beharrlichkeit). Dies trifft beispielsweise auf Aventurin, Verdelith oder Smaragd zu. Und jeden Tag, den Sie den Edelstein an ihrem Finger sehen, oder die Halskette, an der er hängt, im Spiegel betrachten oder ihn in Ihrer Hosentasche spüren, werden Sie daran erinnert, das gesteckte Entwicklungsziel weiter zu verfolgen und an sich selbst zu arbeiten.

Wenn Sie vorhaben ein Buch zu schreiben, können Sie einen Schriftgranit erwerben. Sein Muster, das an hebräische Schriftzeichen erinnert, verkörpert das Schreiben besonders deutlich. Jedes Mal, wenn Sie den Schriftgranit sehen oder ertasten, werden Sie sich vielleicht sogar ein wenig gedrängt fühlen, eine weitere Seite zu schreiben oder, falls Sie noch gar nichts geschrieben haben, endlich damit anzufangen. Wenn Sie einen beruflichen Aufenthalt in Japan planen, können Sie dies mit einem Edelstein unterstreichen, der dieses Land repräsentiert. Dies könnte Sugilith sein, der nach dem japanischen Wissenschaftler Sugi benannt wurde. Wenn Sie den Stein anschauen, werden Sie sich daran erinnern, die notwendigen Reisevorbereitungen rechtzeitig anzugehen.

Sind Sie der Meinung, sich in der beruflichen Position nicht angemessen durchsetzen zu können und verharren deswegen in Passivität, wäre ein dominant-idiomorpher Edelstein passend. Dies könnte ein Vertreter der Spinell-Gruppe sein. Und wenn Sie sich für einen roten Spinell entscheiden, dessen Farbe für Aktivität und Tatendrang steht, wird er Sie daran erinnern, im Job aktiver zu werden und Stärke zu zeigen, um sich den nötigen Respekt zu verschaffen. Genauso ist der umgekehrte Fall denkbar. Sie ecken oft an, belasten über Gebühr Freundschaften oder Ihr berufliches Netzwerk, weil Sie zu bestimmend, aufbrausend und kompromisslos agieren. In dieser Lage wäre ein weicher Edelstein sinnvoll, der für mehr Rücksicht und Einfühlungsvermögen steht; am besten in blauer Farbe, die Ruhe und Freundlichkeit ausstrahlt. In Frage kommen beispielsweise Angelit, Azurit oder Chrysokoll.

Wenn Sie so einen Stein bei sich tragen und oft an ihn und seine anthropomorphe Eigenschaft denken, wird seine Präsenz in Ihr Unterbewusstsein eingehen, und Sie können eine Verbindung zu ihm aufbauen. Er wird Sie antreiben, an Ihrer Persönlichkeit zu arbeiten, Ihre Ziele stetig zu verfolgen, die Umsetzung Ihrer Pläne voranzutreiben, oder allgemein formuliert: am Ball zu bleiben und nicht nachzulassen. Wenn Sie ein Ziel schließlich erreicht haben, wechseln Sie den Stein passend zum nächsten Entwicklungsschritt. Der Edelstein oder der Schmuck, den Sie tragen, ist Ihnen immer einen Schritt voraus, er befindet sich bereits dort, wohin Sie gelangen möchten. Nutzen Sie Ihre persönlichen Edelsteine, um Ihr mentales Potenzial besser auszuschöpfen.

Schmuckpräferenzen

Ein weiterer Aspekt der Edelsteinberatung sind persönliche Vorlieben in Bezug auf die Art des Schmucks. Jeder hat so seinen eigenen Geschmack, aber auch Erwartungen was ein Edelstein vermitteln soll, ferner Pläne an welcher Körperstelle der Stein getragen wird und noch einiges mehr. Bezüglich der Schmuckpräferenzen sollten verschiedene Punkte berücksichtigt werden, was in diesem Kapitel behandelt wird.

Transparenz

Völlig durchsichtige Steine eignen sich für Facettenschliffe und bieten die Möglichkeit schöner Lichtreflexe und eines luxuriösen Aussehens. Trübe Steine sind lichtdurchscheinend, oftmals preisgünstiger und können ihr Aussehen verändern, wenn das Licht seitlich oder von hinten einfällt. Dann kann der Stein eine andere Farbintensität offenbaren oder Einschlüsse und Risse werden besser sichtbar. Undurchsichtige Steine bieten einen starken Kontrast zur Haut oder Kleidung, ein eventuell vorhandenes Muster kommt besonders zur Geltung.

Farbe

Die meisten Menschen haben Lieblingsfarben und andere, die sie nicht besonders leiden können. Bevorzugte Farben können eine reine Geschmackssache sein, die nicht hinterfragt wird. Es können aber auch solche Farben sein, die besonders gut zu Teint, Augen- bzw. Haarfarbe oder Kleidung passen. Ferner können zweifarbige oder bunte Steine bevorzugt werden, sie wirken abwechslungsreich, leger und manchmal künstlerisch.

Schliff

Der Facettenschliff wirkt besonders edel. Er wird hauptsächlich bei wertvollen und durchsichtigen Steinen angewandt, die dann das einfallende

Licht teilweise reflektieren. Eine Spezialform dieser Schliffart ist der Brillantschliff, der für Steine mit besonders hoher Lichtbrechung geeignet ist. Durch mehrfache Brechung und Reflexion entsteht das sogenannte Feuer der Diamanten und anderer vergleichbarer Edelsteine. Der Rundschliff wirkt dagegen schlichter, findet seine Hauptanwendung bei semitransparenten und opaken Steinen. In vielen Fällen sind es eher preiswerte Steine, allerdings ist es die beste Schliffart um Effekte wie Chatoyance und Asterismus zur Geltung zu bringen, was im höheren Preissegment angesiedelt sein kann. Der Tafelschliff eignet sich besonders für gemusterte Steine, bei denen man unter Umständen ein Motiv erkennen kann (z. B. Landschaftsachat); außerdem für größere Schmuckstücke, bei denen ein runder Stein zu groß oder zu schwer wäre.

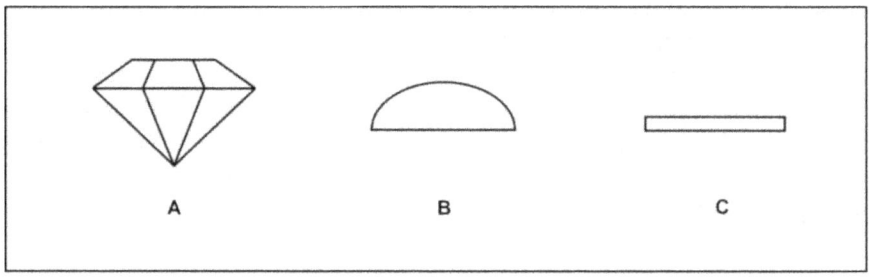

Abb. 43: *Schliffformen (Seitenansicht).* **A)** *Facettenschliff;* **B)** *Rundschliff;* **C)** *Tafelschliff*

Schließlich gibt es noch Trommelsteine. Diese werden automatisch durch Umwälzung in einer drehenden Trommel geschliffen. Auf diese Weise bearbeitete Steine sind allseitig abgerundet, allerdings oft unregelmäßig geformt und sehen mitunter knollenförmig aus. Dafür sind sie relativ preiswert. Wer sich mit einem Trommelstein schmückt, vermittelt Bescheidenheit, eine alternative Lebensweise oder Gleichgültigkeit gegenüber Besitz und Luxus.

Letztlich kann man auf einen Schliff ganz verzichten. Manche Minerale kommen von Natur aus in einer ansprechenden Kristallform vor, mit schöner Symmetrie und ausreichender Größe. Einen unbearbeiteten Stein zu tragen kann ein Ausdruck von Individualität oder Naturverbundenheit sein. Beliebt sind die säuligen Kristalle der Turmalin- oder Beryll-Gruppe. Aber auch Quarze und Granate kommen dafür in Frage.

Ebenso wenig müssen Gesteine und derbe bzw. feinkristalline Edelsteine (z. B. Lapislazuli, Türkis, Rosenquarz, Anyolit) geschliffen sein. Meist werden solche Stücke zur Körperseite hin abgesägt und bleiben nach außen unbearbeitet. Sie wirken apart oder extravagant.

Verwendung

Bei der Ermittlung eines passenden Edelsteins ist seine Verwendung von großer Bedeutung. Besonders kritisch ist es, wenn der Stein in einem Schmuckring getragen werden soll. Mit den Händen stößt man häufiger irgendwo an und kann außerdem beim Waschen und Arbeiten mit verschiedenen Substanzen in Kontakt kommen. In dem Fall sollte der Stein härter als Glas (Mohshärte > 5) sowie resistent gegen haushaltsübliche Säuren (Essig, Zitronensaft usw.) und Waschmittel (z. B. Geschirrreiniger) sein. Weniger Einschränkungen gibt es, wenn der Stein am Halsband, als Brosche oder am Ohrring getragen wird. Dennoch gibt es ein paar sehr weiche und empfindliche Steine, die beim waschen und Kontakt mit Seife oder Duschgel Schaden nehmen können. Es besteht die Gefahr, dass die Politur stumpf wird oder die Farbe etwas verblasst, so sollte man entsprechenden Schmuck zur Körperpflege abnehmen.

Für eine Verwendung als Handschmeichler (einen Trommelstein oder einen abgeflacht geschliffenen Stein, der gut in eine geschlossene Faust hineinpasst) eignen sich nur Edelsteine, die in einer entsprechenden Größe vorkommen und im Rundschliff bevorzugt verarbeitet werden. Ein Handschmeichler sollte in jedem Fall etwas größer als das letzte Glied des Daumens sein. Somit kommen alle wertvollen, kleinen und facettierten Steine nicht in Frage. Ähnliches gilt für Steine, die als Schlüsselanhänger getragen werden, wobei wegen des Kontakts mit Metallgegenständen auf eine entsprechend höhere Härte zu achten ist; sie sollte nicht niedriger als die des Quarzes (Mohshärte 7) sein.

Sie können Ihren Persönlichkeitsstein auch als Seifenstein verwenden. Dieser dient zum Auflegen, Massieren oder um Massageöl, Seife bzw. eine Lotion an den Körperstellen zu verteilen und sie abzureiben. Ein Seifenstein hat eine regelmäßig ovale und abgeflachte Form und ist etwas größer als ein Handschmeichler, so dass Sie im Idealfall die Faust nicht mehr ganz schließen können, wenn Sie ihn in der Hand halten. Wegen des Kontakts mit Agenzien und möglicher Reibung an Metall (Schmuckringe) sollten Sie nur chemisch resistente und relativ harte Steine verwenden, wenn Sie auf eine gute Erhaltung des Seifensteins Wert legen. Empfehlenswert sind hier wiederum die Quarzvarietäten, aber auch andere robuste Steine (z. B. Nephrit, Anyolit, Granit, Gneis).

Soll der Stein in der Wohnung platziert werden, so sind auch weiche und empfindliche Stücke geeignet. Allerdings sollten Sie entsprechend große Exemplare nehmen, damit der Stein auffällt. Nur so kann er Sie an die anthropomorphen Eigenschaften erinnern. Naturbelassene Kristallgruppen, die evtl. noch auf ihrem Muttergestein sitzen (Kristallstufen) sind sehr individuelle Persönlichkeitssteine und zudem dekorativ.

Schmuckmaterial

Ist der Edelstein als Schmuck gedacht, so wird er in den meisten Fällen mit einer Fassung, Öse, Kette oder einem Band in Verbindung gebracht, die aus einem anderen Material besteht. Zur Auswahl stehen Gold, ein silberfarbenes Metall (Platin, Palladium, Silber, Weißgold, Edelstahl), graues Metall (Titan, Zinn, nicht-rhodiniertes Weißgold) oder Naturstoffe (Leder, Holz, Seide, Baumwolle). Neben einer rein farblichen Abstimmung passen teure Steine zu den wertvollen Metallen wie Gold und Platin. Weniger kostspielige Steine passen besser zu den anderen Metallen. Sehr preiswerte Steine können mit Naturstoffen zusammengebracht werden. Zudem harmonieren unbearbeitete Kristalle gut mit natürlichen Bändern aus Leder oder Seide.

Budget

Die Preise von Edelsteinen bewegen sich in einer weiten Spanne. Die in diesem Buch besprochenen Arten kosten zwischen wenigen Euro und einigen Tausend. Für außergewöhnliche Steine bezüglich Größe und Qualität besteht im Prinzip keine Grenze nach oben. Selbst gleich große

Stücke derselben Steinart können sich erheblich im Preis unterscheiden. Der Wert eines facettierten lupenreinen Edelsteins beträgt oft ein Vielfaches von dem seines trüben rund geschliffenen Gegenstücks.

Besonders ausgefeilt ist die Preisfindung beim Diamanten. Dabei werden Farbe, Größe, Schliff und Reinheit zur Bestimmung des Wertes herangezogen. Die Graduierung erledigen eigens ausgebildete Experten, die den Wert und die Qualität eines Diamanten nach einem komplizierten Verfahren ermitteln. Selbst geringste Farbnuancen oder das Auftreten winziger mit dem bloßen Auge nicht sichtbarer Einschlüsse haben einen erheblichen Einfluss auf den Preis.

Das Budget ist für viele Menschen ein limitierender Faktor und sollte bei den Schmuckpräferenzen entsprechend berücksichtigt werden. Doch betreiben Sie keine unbedachte Kostenminimierung. Bedenken Sie stets den Mehrwert für Ihre Lebensfreude, den ein Edelstein durch die anthropomorphen Eigenschaften oder seine Ästhetik bietet.

Erwartung

Was möchten Sie mit dem Edelstein nach außen hin vermitteln, repräsentieren oder symbolisieren? Manche Menschen erwarten von ihrem Schmuck, dass er einen hohen Wert hat und als Statussymbol fungiert. Andere möchten gerne etwas besitzen, das selten, exotisch oder in irgendeiner Weise außergewöhnlich ist. Dies muss nicht bedeuten, dass so ein Edelstein besonders teuer ist. Es gibt eine Reihe von unpopulären und kaum bekannten Steinen, die zu einem günstigen Preis erworben werden können. Des Weiteren kann man von einem Stein eine besondere Beziehung erwarten, z. B. zur Tierwelt, Kunst oder Astronomie, die sich aus der Entstehung, Zusammensetzung, Bezeichnung oder dem Aussehen ergibt. Schließlich erwarten viele lediglich, dass der Edelstein sie besonders gut schmückt, gut zu ihrem Äußeren passt und ein adäquates Preis-Leistungs-Verhältnis bietet.

Beispielanalyse

Anna W. aus Köln, 49 Jahre alt, wohnt immer noch in ihrer Geburtsstadt. Wenn die Zeit es zulässt, ist sie im Karnevalsverein aktiv und ihre 3 besten Freundinnen kennt sie bereits aus der Schulzeit; damit ist sie eine Person mit ausgeprägtem Lebenszentrum. Die gelernte Erzieherin geht darin auf, mit Kindern zu arbeiten. Sie hat einige berufliche Seminare besucht, schließlich 3 eigene Kinder großgezogen und später wieder im Kindergarten ihre Arbeit aufgenommen (spezialisierte Persönlichkeit). Sie gilt als Organisationstalent, sowohl im Job als auch in der Familie wird so viel wie möglich nach einem ausgearbeiteten Zeitplan erledigt (strukturierte Lebensorganisation). Viele schätzen ihre Zuverlässigkeit und freundliche Art.

In ihrer Freizeit liebt Anna es, überrascht zu werden und folgt gerne den Aktivitätsvorschlägen ihrer Freunde, manchmal ohne vorher zu wissen wohin es geht (spontaner Typ). Sie freut sich, in einer großen Gruppe unterwegs zu sein, feiert ausgelassen auf Partys und besucht mit großer Begeisterung Tanzveranstaltungen (extrovertierte Person). Um besser abschalten zu können, hat sie sich mit ihrer Familie für eine Wohnung in einem ruhigen Vorort von Köln entschieden. Wenn Anna zu Hause ist, pflegt sie mit viel Liebe die Balkonpflanzen (was eine Affinität zu Blütenfarben begründet), meditiert oder liest Bücher über Südamerika bzw. Romane von dort stammender Autoren. Sie mag außerdem Tiere, hat eine eigene Katze und 5 Wellensittiche; gelegentlich hilft sie ehrenamtlich im Tierheim, was sie bereits in der Jugend begonnen hat.

Anna ist in jedem Fall eine Persönlichkeit, die weiß was sie will. Früh hat sie sich für ihren Beruf entschieden und in relativ jungen Jahren geheiratet. Sie lebt inzwischen 27 Jahre mit ihrem Mann zusammen und hat mit ihm eine Familie gegründet (zielstrebiger und familiärer Typ). Sie hat zudem einen konstanten Lebenslauf, der sich aus der Fokussierung auf Familie, dem stetigen Beruf, demselben Wohnort, gleichbleibenden Hobbys und langjährigen Freundschaften begründet. Die Probleme, die in ihrem Leben auftraten, hat sie gut gemeistert und sich bei allerlei Belastungen als sehr widerstandsfähig erwiesen (robuster Charakter).

Für die geschilderte Person wollen wir Edelsteine finden, die ihre Persönlichkeit und ihr Leben möglichst umfassend widerspiegeln. In dem Fall kommt eine kombinierte Analyse zur Anwendung. Zusammenfassend betrachtet hat Anna W. folgende Wesensmerkmale: heimatverbunden, beruflich spezialisiert, strukturiert und gut organisiert, von robustem Wesen, einem konstanten Lebenswandel, bevorzugt am Stadtrand wohnend, spontan, extrovertiert, zielstrebig, familiär und bodenständig, verlässlich und freundlich, mit Interesse für Tiere, Meditation und Südamerika sowie einer Vorliebe für Blütenfarben.

Dies führt zu folgenden Steineigenschaften, die in derselben Reihenfolge wie die Wesensmerkmale aufgezählt sind: Symmetriezentrum, selten und in geologischen Nischen vorkommend, mit einfacher Struktur und Chemie, verwitterungsresistent, isotrop, mittlere Dichte, überwiegend derbe Kristallaggregate, flächenzentriert, optisch einachsig, braun oder blau, biogen oder tierassoziativ, harmonisch gemustert, mit Verbindung zu Südamerika, bunte Steine in weiß-gelb-rosa-lila.

Es gibt keinen Edelstein, der über sämtliche genannten Eigenschaften verfügt. Nur eine Kombination mehrerer Steine kann Annas Persönlichkeit vollständig repräsentieren. Als Ergebnis erhält man einen Satz von Edelsteinen, in dem jeder ein paar Eigenschaften verkörpert. Siehe Tab. 6 zur Übersicht der Eigenschaften von Mensch und Stein.

Edelsteine, die jeweils 6 Eigenschaften abdecken:
Angelit, Aquamarin, Holzstein, Smaragd, Spinell, Turitella-Achat

Edelsteine, die jeweils 5 Eigenschaften abdecken:
Ametrin, Blauquarz, Lasurit, Rhodochrosit

Um die relativ hohe Anzahl der persönlichen Edelsteine zu reduzieren, kann man das Ergebnis mit Schmuckpräferenzen kombinieren. Wenn durchsichtige, facettierte und tendenziell teure Steine bevorzugt werden, würde man folgende Kombination wählen: Ametrin, Aquamarin, Smaragd, Spinell. Außerdem Holzstein oder Turitella-Achat, um die Eigenschaften „braun" und „Fossil" ebenfalls abzudecken.

Persönlichkeit	Steineigenschaft	Edelsteine
Lebenszentrum (heimatverbunden)	Symmetriezentrum	Angelit, Aquamarin, Rhodochrosit, Smaragd, Spinell
spezialisiert	selten, in speziellen geol. Milieus	Aquamarin, Lasurit, Smaragd
strukturiert	übersichtliche Struktur und Chemie	Angelit, Spinell
robust	zäh, verwitterungsfest	Ametrin, Aquamarin, Blauquarz, Holzstein, Smaragd, Spinell, Turitella-Achat
konstantes Leben	isotrop	Lasurit, Spinell
Stadtrand bevorzugend	mittlere Dichte	Ametrin, Angelit, Aquamarin, Blauquarz, Holzstein, Smaragd, Turitella-Achat
spontan	derb	Angelit, Blauquarz, Lasurit
extrovertiert	flächenzentriert	Angelit, Spinell
zielstrebig	optisch einachsig	Ametrin, Aquamarin, Blauquarz, Holzstein, Rhodochrosit, Smaragd, Turitella-Achat
familiär, bodenständig	braun	Holzstein, Turitella-Achat
zuverlässig, freundlich	blau	Angelit, Aquamarin, Blauquarz, Lasurit, Spinell
Interesse für Tiere und Pflanzen	Fossilien, Tier- und Pflanzennamensteine	Holzstein, Turitella-Achat
Interesse für Meditation	harmonisch gemustert	Holzstein, Rhodochrosit, Turitella-Achat
Interesse für Südamerika	Vorkommen oder Assoziation zu Südamerika	Ametrin, Lasurit, Rhodochrosit, Smaragd
Affinität zu Blütenfarben	mind. 2 Farben aus weiß-gelb-rosa-lila	Ametrin, Rhodochrosit

Tab. 6: Übersicht zur Beispielanalyse. Persönlichkeitsmerkmale, korrespondierende Steineigenschaften und Edelsteine, welche die gewünschte Eigenschaft besitzen.

Sind dagegen preiswerte, undurchsichtige Steine im Rundschliff gewünscht, sähe die Auswahl wie folgt aus: Angelit, Blauquarz, Holzstein, Lasurit, Rhodochrosit, Turitella-Achat.

Annas Persönlichkeitssteine sind ziemlich gleichwertig, was bedeutet, dass die Anzahl der Übereinstimmungen (jeweils 5 oder 6) zu den

Merkmalen der Person sehr nah beieinanderliegen. Doch das muss nicht immer so sein. In manchen Fällen ergibt die Auswertung einen Persönlichkeitsstein, der mehr Übereinstimmungen hat als die anderen. So ein Edelstein wird **Hauptstein** genannt. Er hat eine besondere Bedeutung und wird bevorzugt eingesetzt, wenn bei der Verwendung nicht sämtliche Persönlichkeitssteine zur Verfügung stehen können. Manchmal ist es unpraktikabel, mehrere Edelsteine mit sich zu führen oder zu einem einzigen Schmuckstück zu verarbeiten. In solchen Fällen kann man sich auf den Hauptstein beschränken.

Es ist auch möglich, den Hauptstein selbst zu definieren. Anna könnte aus ihren gleichwertigen Edelsteinen, einen herausgreifen und zu ihrem Hauptstein erklären. Sie könnte dies entweder rein intuitiv tun, wenn sie sich zu einem ihrer Persönlichkeitssteine besonders hingezogen fühlt. Sie könnte aber auch rational entscheiden und den Edelstein, der ihre dominierenden Wesenszüge verkörpert, zum Hauptstein ernennen.

Genetische Typen

Denken Sie an dieser Stelle an das Kapitel über die Entstehung von Edelsteinen zurück. Manche Steine können sich auf mehrere Arten bilden, andere sind auf ganz spezielle Bedingungen beschränkt. Die grobe Einteilung geologischer Bildungsräume beinhaltet die magmatische, sedimentäre, metamorphe und hydrothermale Entstehungsart. Jeder Bildungsraum charakterisiert sich durch physikalische Bedingungen (Temperatur, Druck), die Motorik (Bewegung oder Stillstand), das Medium (Schmelze, Festkörper, Lösung), in dem die Minerale kristallisieren, sowie einen gewissen Zeitfaktor. Daraus ergeben sich geologische Milieus, deren Eigenarten mit menschlichen Charakterzügen korrespondieren. Ermitteln Sie nun Ihren genetischen Typ, indem Sie die Hauptmerkmale Ihrer Persönlichkeit mit den Charakteristika der Bildungsräume vergleichen.

Im **magmatischen** Milieu herrschen hohe Temperaturen aber auch viel Bewegung, was sich im Lavafluss oder der Konvektion in Magmakammern offenbart. Hinzu kommt vulkanische Aktivität, die in teilweise explosiven Ausbrüchen in sehr kurzer Zeit große Gesteinsmengen erzeugen kann. Einen magmatischen Charakter haben leidenschaftliche, aktive, heißblütige, energische, temperamentvolle, impulsive und extrovertierte Menschen.

Im Gegensatz dazu ist das **sedimentäre** Milieu durch Ruhe gekennzeichnet. Der überwiegende Teil der Sedimente bildet sich in großen Gewässern, den Meeren und Binnenseen. In ruhigem Wasser rieseln Partikel auf den Grund des Gewässers und bauen bei konstanten Bedingungen über viele Millionen von Jahren mächtige Gesteinsschichten auf, die sich unter ihrem eigenen Gewicht verfestigen. Menschen mit einem sedimentären Charakter sind gelassen, entspannt, ruheliebend, tendenziell zurückhaltend und streben nach Stetigkeit in ihrem Leben.

Das **metamorphe** Milieu umfasst einen weiten Temperaturbereich, entsprechend vielfältig sind die dort auftretenden Gesteine. Typischerweise entstehen sie bei Gebirgsbildungen und werden dabei durchbewegt, gefaltet und in unterschiedliche Tiefen der Erdkruste verfrachtet.

Der Mineralinhalt passt sich fortwährend den jeweils herrschenden Bedingungen an. Wer einen metamorphen Charakter besitzt, ist anpassungsfähig, flexibel, nachgiebig, aber auch spontan, vielseitig und liebt die Abwechslung.

Im **hydrothermalen** Milieu spielt Wasser eine zentrale Rolle. Und wie der Volksmund mit der Weisheit „steter Tropfen höhlt den Stein" richtig erkannt hat, ist Wasser in geologisch langen Zeiträumen mächtiger als jedes Gestein. Hydrothermale Lösungen finden immer ihren Weg, wandern entlang von Klüften, Rissen oder Poren und durchdringen auch weit entfernte Gesteinsareale. Die gelöste Mineralfracht kristallisiert oder reagiert mit dem umgebenden Gestein und verändert es nach Belieben. Einen hydrothermalen Charakter haben Menschen, die beharrlich, ausdauernd, geduldig, durchsetzungsstark, dominant und autoritär sind.

Die Kenntnis des genetischen Typs hilft Ihnen, eine schnelle Auswahl Ihres Persönlichkeitssteins zu treffen, ohne viele Kapitel des Buches durchzuarbeiten. Sie beschränken sich auf wenige zentrale Merkmale Ihres Charakters und wählen den Edelstein aus, der aus dem Bildungsraum stammt, welcher Ihrem genetischen Typ entspricht. Nehmen wir beispielsweise an, Ihre dominierenden Wesensmerkmale sind ein starkes Lebenszentrum, überwiegend harte Charakterzüge sowie Authentizität. Dem entspricht ein zentrischer, harter und schwach doppelbrechender Stein. Als magmatischer Typ wählen Sie Morganit, als metamorpher dagegen Sapphirin.

Angenommen Sie sind ein Allrounder, der sensibel ist und unkonventionell lebt. In dem Fall suchen Sie einen Edelstein, der zu einer häufigen Mineral- oder Gesteinsgruppe gehört, empfindlich gegen Verwitterung ist und in der Gesellschaft wenig bekannt oder unpopulär ist. Wenn Sie einem magmatischen Typ entsprechen, wäre Schriftgranit eine gute Wahl, als sedimentärer Typ könnten Sie Catlinit zu Ihrem Persönlichkeitsstein wählen. Im nächsten Beispiel haben Sie eine strukturierte Lebensweise, lieben das Leben in der Großstadt und zeichnen sich durch viel Ehrgeiz aus. Damit suchen Sie einen einfach zusammengesetzten orthogonal symmetrischen Edelstein mit hoher Dichte und starker Lichtbrechung. Als magmatischer Typ können Sie Diamant oder Melanit wählen, als hydrothermaler Typ Sphalerit oder die Schalenblende und als sedimentärer Typ Cuprit oder Cerussit. Ferner kommen noch Rutil und Scheelit in Frage, die jedoch aufgrund ihrer geologischen Vorkommen sowohl einem magmatischen als auch einem hydrothermalen Charakter entsprechen.

Eine weitere Anwendung des genetischen Typs ist es, eine zu große Treffermenge auf wenige Edelsteine zu reduzieren oder einen Hauptstein zu finden. Wenn sich Anna W., die Sie im vorausgegangenen Kapitel kennen gelernt haben, noch für keinen Hauptstein entscheiden konnte, würde die Ermittlung ihres genetischen Typs helfen. Ihr bevorzugter Persönlichkeitsstein könnte Aquamarin (magmatisch), Ametrin (hydrothermal), Spinell (metamorph) oder Holzstein (sedimentär) lauten.

Bedenken Sie bitte, dass nicht jede Mineralisation geradlinig in einem Bildungsraum, sondern auch mehrphasig oder anormal vermischt stattfinden kann. Manche Edelsteine können keinem genetischen Typ zugeordnet werden, weil an ihrer speziellen Entstehung mehrere geologische Milieus oder Material aus genetisch nicht zusammenhängenden Arealen beteiligt ist. Ein klassisches Beispiel dafür ist Smaragd. In ihm sind die chemischen Elemente Chrom und Beryllium eingebaut, die in der Regel nicht zusammen auftreten, weil sie sich geochemisch unterschiedlich verhalten. Eine normale Genese, in welchem Milieu auch immer, bringt diese Elemente nicht zusammen, so dass kein Smaragd entstehen kann. Als Varietät des Berylls entstammt er eigentlich pegmatitischen (magmatischen) Schmelzen. Gefunden wird er jedoch häufig in chromhaltigen metamorphen Schiefern und Gneisen.

Die Zuordnung der Edelsteine zu den geologischen Milieus finden Sie in Anhang 2, Spalte „BR" für Bildungsraum; beschränkt auf die Fälle, in denen der Stein klar mit einem bestimmten Milieu korrespondiert.

Nutzen Sie Ihre Persönlichkeitssteine

Die Edelsteine, die den individuellen Merkmalen Ihrer Persönlichkeit entsprechen, können in vielfältiger Weise genutzt werden. Grundsätzlich müssen Sie dabei zwei Seiten unterscheiden, die jedoch Seiten derselben Medaille sind und entsprechend eng ineinandergreifen. Die erste Seite bezieht sich auf den Stein, die andere auf die Art und Weise, wie die Steine auf Ihre Person rückwirken können.

Edelsteine sollen nach Möglichkeit langjährige Wegbegleiter sein und nicht nur kurzfristigen Konsumwunsch erfüllen. Die Charakteranalogien helfen Ihnen, sich mit Ihren Edelsteinen zu identifizieren und entsprechend lange **Freude** an ihnen zu haben. Sie werden Lust verspüren, Ihre Persönlichkeitssteine oft anzuschauen oder am Körper zu spüren, je nach dem ob Sie sie als Schmuck, Talisman oder Zimmerdekoration verwenden. Natürliche Edelsteine sind ein Schatz der Erde und sollten als Teil der Natur mit Bedacht angeschafft und behandelt werden. Denn ihre Zahl ist auf diesem Planeten begrenzt. Und auch wenn stetig Steine abgebaut werden, so kann ihre Anzahl wie bei allen Rohstoffen nicht beliebig gesteigert werden. Durch den bewussten Kauf und langfristig angelegten Besitz Ihrer Persönlichkeitssteine tragen Sie zum schonenden Umgang mit natürlichen Ressourcen bei.

Neben der Freude und der Ansprache des ästhetischen Empfindens, bieten persönliche Edelsteine Hilfe bei der **Konzentration** auf die eigene Person. Nutzen Sie sie beispielsweise als Meditationsbegleiter. Nehmen Sie die Persönlichkeitssteine in Ihre Hände oder legen Sie sie im Halbkreis auf den Boden, wenn Sie im Lotussitz meditieren. Machen Sie eine Übung im Liegen, sei es Meditation oder progressive Muskelentspannung, so legen Sie einen Ihrer Edelsteine (bevorzugt den Hauptstein) auf Ihren Bauchnabel oder Solarplexus. Sie nehmen den Stein wahr und konzentrieren sich auf ihn, und da Sie wissen, dass er Ihre Eigenschaften hat, konzentrieren Sie sich automatisch auf Ihre eigene Person. Ähnliches gilt für diverse Achtsamkeitsübungen. Achten Sie zunächst auf den Stein, was störende Gedanken unterbricht, und gehen allmählich zu der eigentlichen Übung über.

Die Ermittlung Ihrer Persönlichkeitssteine wird für Sie lehrreich und ein **Erkenntnisgewinn** über Ihr Selbst sein. In jedem Kapitel müssen Sie sich die Frage stellen, wie Sie wirklich sind. Wo liegen Sie zwischen zwei Extremen, wie z. B. den harten und weichen Charakterzügen. Überwiegt ein Extrem oder liegen Sie genau dazwischen, was keine Einordnung zulässt. Und Sie werden sich unweigerlich die Frage stellen, ob Ihre aktuellen Wesensmerkmale wirklich Ihre eigenen sind. Vielleicht wurde Ihnen das eine oder andere Merkmal vom sozialen Umfeld in gewisser Weise aufgezwungen oder hat sich durch schicksalhafte Ereignisse eingeschlichen. Denken Sie in Ruhe darüber nach und erkennen Ihr wahres Ich!

Die Persönlichkeitssteine spiegeln all Ihre Wesensmerkmale und die Eckpfeiler Ihrer Existenz wider; sie helfen Ihnen, sich Ihrer Eigenheiten bewusst zu werden. Freuen Sie sich über Ihre Stärken und die positiven Charakterzüge und so entwickeln oder festigen Sie Ihr **Selbstbewusstsein**. Und da wahre Schönheit bekanntlich von innen kommt, denken Sie Folgendes: „Ein Edelstein mit meinen Eigenschaften ist schön, also bin auch ich schön." Auf diese Weise schöpfen Sie mit Hilfe Ihrer individuellen Edelsteine Lebensfreude und positive Energie.

Wenn Sie alle Kapitel des Buches durcharbeiten und ein möglichst komplettes Abbild Ihres Wesens anstreben, wie bereits beim Prinzip der kombinierten Analyse erläutert, werden Sie durchschnittlich 5 Edelsteine herausarbeiten. Sie verkörpern gemeinsam Ihre Identität. Wesensmerkmale sind bei Menschen sehr zahlreich und bei jedem unterschiedlich miteinander kombiniert. Betrachtet man bei einer bestimmten Person die konkrete Kombination der Wesenszüge, so kommt man vermutlich zum Ergebnis, dass diese selten oder sogar einmalig ist. Andere Menschen zeichnen sich durch andere Merkmalkombinationen aus, was jeden einzigartig macht.

Diese **Einzigartigkeit** kommt auch in den Persönlichkeitssteinen zum Ausdruck. Nehmen Sie zunächst vereinfachend an, dass jeder Mensch genau 5 individuelle Steine hat. In diesem Buch werden insgesamt ca. 300 Edelsteine genannt. Wie viele unterschiedliche 5er-Kombinationen gibt es in einer Datenmenge von 300? Es sind über 19,1 Milliarden! Allein diese Zahl ist bereits größer als die Weltbevölkerung. In Wirklichkeit gibt es noch mehr Kombinationen, da so mancher 4 oder 6 Edelsteine seinem Wesen zuordnen wird. Außerdem bietet die Natur mehr als 300 Edelsteine. Somit existiert eine gute Wahrscheinlichkeit, dass Ihre Kombination von Persönlichkeitssteinen unter allen Menschen der Erde nur einmal vorkommt. Mit Hilfe der Edelsteine werden Sie sich Ihrer Einzigartigkeit bewusst und lernen Ihr Individuum besser schätzen. Erkennen Sie Ihren Wert für Gesellschaft und den menschlichen Genpool und begegnen sich selbst mit großer Wertschätzung!

Schließlich können Edelsteine die **Entwicklung** Ihrer Persönlichkeit unterstützen. Wenn Sie einen Charakterzug oder eine mentale Fähigkeit erlangen bzw. verstärken möchten, wählen Sie einen Edelstein aus, der die entsprechende anthropomorphe Eigenschaft bereits besitzt. Wenn es mehrere Möglichkeiten gibt, bevorzugen Sie einen Stein, in dem die gewünschte Eigenschaft besonders deutlich hervorsticht oder geradezu typisch für ihn ist. Tragen Sie den Edelstein oft, schauen ihn möglichst oft an, verinnerlichen seine Eigenschaften und bauen eine emotionale Verbindung zu ihm auf. Die stetige Präsenz des Steins wird Sie bewusst oder unbewusst an Ihre Ziele erinnern und immerwährend dazu drängen, an Ihrer Persönlichkeit zu arbeiten und die ersehnten Entwicklungsschritte zu vollziehen.

Ein Edelstein, den Sie für Ihre Entwicklung ausgewählt haben, kann auch eine Hilfe zur **Situationsbewältigung** sein. Es kann im Leben ohne Weiteres vorkommen, dass Sie in eine Situation gelangen, in der Sie das Wesensmerkmal, das Sie gerade aufbauen wollen, in diesem Augenblick benötigen. Nehmen Sie den betreffenden Stein, zu dem Sie bereits eine Verbindung aufgebaut haben, in die Hand, so halten Sie sich an ihm fest, nicht nur physisch, sondern auch mental. Das hilft Ihnen so zu handeln, wie Sie es im Rahmen Ihres Entwicklungsziels anstreben. Und möglicherweise, falls Sie erfolgreich agiert haben, werden Sie dieser konkreten Situation einen Entwicklungssprung Ihrer Persönlichkeit verdanken.

Natürliche und künstliche Steine

Wenn die Edelsteine, die Sie im Rahmen der anthropomorphen Edelsteinanalyse ermittelt haben, dem höheren Preissegment angehören, werden Sie sich vielleicht die Frage stellen, ob es denn tatsächlich ein natürlicher Stein sein muss. Heute können viele Minerale synthetisch hergestellt werden und sind dann entsprechend preiswerter. Solange der künstliche Stein chemisch-kristallographisch dem natürlichen entspricht, kommt das prinzipiell in Frage. So hat z. B. ein synthetischer Spinell die gleiche Zusammensetzung und Kristallstruktur wie ein natürlicher, damit auch die gleichen Eigenschaften und Strukturmerkmale, die in den vorangegangenen Kapiteln thematisiert wurden. Imitationen, die dem betreffenden Edelstein nur äußerlich ähneln, aber anders zusammengesetzt sind, sollten auf keinen Fall verwendet werden. Genauso wenig synthetische Produkte, die keine natürliche Entsprechung haben (z. B. Zirconia, Goldfluss, Blaufluss, Aqua Aura, Opalit/Opalglas, Strass). Diese werden im Rahmen des vorliegenden Werkes nicht berücksichtigt.

Warum natürliche Steine etwas Besonderes sind

Wenn Sie also aus Kostengründen den für Sie passenden Stein nicht in der natürlichen Variante kaufen wollen, so ist es ein akzeptabler Kompromiss, auf einen künstlichen aber in jedem Fall naturidentischen auszuweichen. Aber eben nur ein Kompromiss! Bedenken Sie, dass ein natürlicher Edelstein noch etwas zu bieten hat, nämlich eine gewisse Einzigartigkeit. In der Natur sind Steine in der Regel chemisch nicht besonders rein. Sie enthalten eine Reihe chemischer Elemente als Verunreinigungen, die während des Wachstums ins Kristallgitter eingebaut wurden. Welche Elemente es sind und in welcher Menge sie in dem Edelstein vorkommen, hängt von den speziellen geologischen Bedingungen am Ort der Genese ab. Fachleute können aus den Konzentrationen mehrerer Spurenelemente erkennen, aus welchem Land ein Edelstein stammt, manchmal sogar aus welcher Region oder in welcher Mine er abgebaut wurde.

Doch damit nicht genug. Natürliche Kristalle enthalten Einschlüsse von Fremdmineralen, Fluiden oder Gasbläschen, die ebenfalls sehr charakteristisch für den Entstehungsort sein können. Ferner sind Unterschiede in der Kristallform sowie der Art und Ausprägung von Gitterdefekten möglich. In der Summe betrachtet ist ein Edelstein in mancher Hinsicht einmalig, auch wenn die Unterschiede zugegebenermaßen mit dem bloßen Auge nicht erkennbar sind. Synthetische Steine sind ganz anders. Sie werden aus Laborchemikalien erzeugt und sind chemisch wesentlich reiner. Zudem führt der gleichartige Herstellungsprozess unter konstanten Bedingungen zu einem kristallographisch einheitlichen Endprodukt. Synthetische Steine sind Massenware, natürliche dagegen Unikate und genauso einzigartig wie Sie bzw. die Kombination Ihrer Persönlichkeitssteine.

Ein weiterer Aspekt ist die ungeheure Zeit, in der Steine entstehen und existieren. Hier bewegt man sich in der Regel im Bereich von Jahrmillionen. Allein das Wachstum eines großen Kristalls, wie er in Pegmatiten, metamorphem Festgestein oder einem sehr zähen Magma entsteht, kann eine Million Jahre in Anspruch nehmen. Und die Lebensdauer kann noch erheblich länger sein. Wenn ein Gesteinsareal der Verwitterung und Erosion entgeht, wie es in alten Gebirgssockeln und frühen Kontinentalblöcken der Fall ist, können die darin enthaltenen Minerale sehr lange überdauern. Die ältesten Steine der Erde sind über 3 Milliarden Jahre alt. Künstliche Edelsteine gibt es erst seit kurzer Zeit. Angeblich waren die alten Ägypter die ersten, die Imitationen synthetisierten, in Form von farbigen Glasperlen. Somit sind die ältesten künstlichen Steine erst wenige Tausend Jahre alt.

Auch bei einem stark beschränkten Budget gibt es eine kostengünstige Möglichkeit, sich für einen natürlichen Edelstein zu entscheiden: machen Sie lieber Abstriche bei der Qualität als bei der Genese. Ein lupenreiner facettierter natürlich entstandener Rubin von stattlicher Größe ist wahrlich nicht preiswert, doch ein trüber rund geschliffener Rubin kostet nur einen Bruchteil (vgl. Fotos auf den Seiten 46 und 88). Oder Sie weichen auf rubinführende Gesteine aus (z. B. Anyolit, Rubin-Fuchsit, Rubingneis), welche zu den preiswerten Schmucksteinen zählen.

Qualität ist mehr eine Frage der persönlichen Vorliebe und der eigenen Ansprüche, für die anthropomorphe Gemmologie spielt sie eigentlich keine Rolle. Nur wenige Effekte (z. B. Pleochroismus) benötigen eine hohe Güte des Steins. Die meisten anderen Eigenschaften sowie die Kristallstruktur sind unabhängig von der Qualität. So gibt es normalerweise keinen Grund, auf einen natürlichen Edelstein zu verzichten. Zu dieser Regel muss man allerdings eine Ausnahme erwähnen: Moissanit ist auf der Erde extrem selten und nur aus wenigen Meteoriten und diamantführenden Gesteinen bekannt. Zudem sind die natürlichen (unansehnlich gefärbten) Kristalle sehr klein und daher nicht als Schmucksteine auf dem Markt erhältlich. Alle im Handel angebotenen farblosen Moissanite sind synthetisch.

Imitationen

Synthesen und Imitationen sind heutzutage zahlreich und sehen oft täuschend echt aus. Der Kauf eines Edelsteins ist Vertrauenssache, lassen Sie sich im Zweifel beraten. Teure Edelsteine werden entweder durch preisgünstige natürliche Steine (z. B. aus der Quarzgruppe) oder durch synthetische Substanzen (z. B. gefärbtes Glas) nachgeahmt. Die häufigste Imitation für Diamant ist das Kunstprodukt Zirconia (nicht zu verwechseln mit dem Edelstein Zirkon), welches eine hohe Lichtbrechung hat und optisch kaum vom Diamant zu unterscheiden ist. Doch nicht nur die wertvollen Edelsteine werden imitiert. Auch im mittleren und manchmal sogar im niedrigen Preissegment kommen Imitationen auf den Markt. Der Phantasie der Fälscher sind kaum Grenzen gesetzt, und selbst für einen günstigen Stein findet sich eine Imitation, die noch billiger ist.

Ein typisches Beispiel dafür ist Türkis, ein gar nicht so teurer Edelstein. Dennoch existieren für ihn sehr viele Imitationen. Einige davon sind synthetische Produkte, andere bestehen aus natürlichen anderen Mineralen. Eines davon ist Chrysokoll mit einer von Natur aus sehr ähnlichen Farbe und der gleichen mikrokristallinen Aggregation. Das andere Mineral ist Howlith, das von Natur aus eigentlich weiß ist, jedoch aufgrund seiner Mikroporosität künstlich eingefärbt werden kann und dann wie Türkis aussieht. Howlith wiederum wird ungefärbt als eigener

Edelstein vermarktet. Und obwohl er schon preiswert ist, wird er manchmal von dem noch preiswerteren Magnesit imitiert. Beim Kauf eines Edelsteins ist etwas Vorsicht sinnvoll.

Die Unterscheidung zwischen einem Edelstein und seiner Imitation ist noch relativ einfach. Es hängt zwar immer vom Einzelfall ab, um welchen Stein es sich handelt, doch in manchen Fällen kann die Erkennung einer Imitation mit etwas Sachverstand und einfachen Hilfsmitteln gelingen. Wesentlich schwieriger ist die Unterscheidung zwischen einem natürlichen Edelstein und seinem synthetischen Gegenstück. Wie schon früher erwähnt, sind Zusammensetzung und Eigenschaften in diesem Fall gleich. Es erfordert einen hohen apparativen Aufwand und viel Spezialwissen, um einen natürlichen Edelstein sicher zu identifizieren. Eine professionelle Edelsteinexpertise ist teuer und lohnt sich damit nur für sehr wertvolle Steine.

Behandelte und zusammengefügte Edelsteine

Ein weiteres Thema ist die künstliche Behandlung natürlicher Edelsteine. Das Hauptziel liegt in der Verbesserung der Qualität und Erhöhung des Wertes eines Steins, und nicht unbedingt in der Erschaffung von Imitationen/Fälschungen. Die Einfärbung mit Chemikalien ist eine verbreitete Praxis. So wird Achat, der oft nur in Grautönen gestreift ist, durch künstliche Färbung bunt und bei vielen Käufern begehrter. Eine weitere Methode ist die Bestrahlung (z. B. mit Röntgenstrahlen), was normalerweise zur Farbveränderung eingesetzt wird. Farblose Topase, die bestimmte Spurenelemente enthalten, werden durch Bestrahlung blau. Eine Farbe, die von Natur aus in Topas sehr selten vorkommt, so dass der Stein durch die Bestrahlung an Wert gewinnt. Schließlich gibt es noch die thermische Behandlung (Erhitzung). So wird beispielsweise die blaue Farbe des Tansanits durch Erhitzen intensiver. Und violetter Amethyst färbt sich bei etwa 450 °C gelb und wird dann als der wertvollere Citrin verkauft.

Beachten Sie die Abgrenzung zwischen Imitation und behandeltem Edelstein. Entscheidend ist letztendlich, als was der Stein verkauft wird. Wird ein gefärbter Howlith im Handel als Howlith angeboten, so ist dies ein behandelter (und natürlicher) Stein. Wird er jedoch als Türkis verkauft, handelt es sich um eine Imitation (Fälschung). Falls Sie Wert auf einen Edelstein legen, an dem nichts manipuliert wurde, so müssen Sie nach einem „naturbelassenen" (oder unbehandelten) fragen. Die Bezeichnung „natürlich" schließt eine Behandlung nicht aus. Zum besseren Verständnis der Begrifflichkeiten, beachten Sie Abb. 44. Bedenken Sie ferner, dass ein naturbelassener Stein geschliffen sein kann, da der Schliff nicht als Behandlung, sondern als Bearbeitung gilt. Nicht geschliffene Steine bezeichnet man als unbearbeitet.

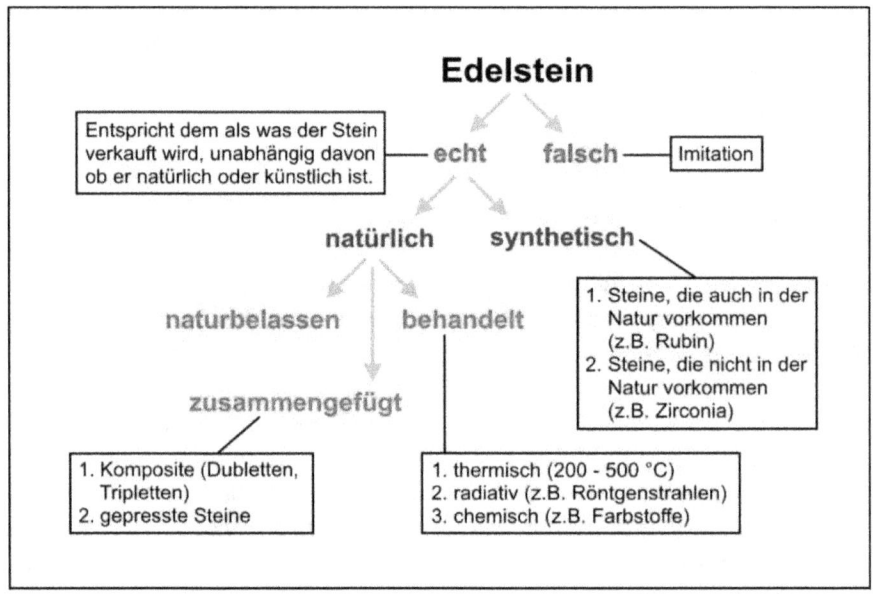

Abb. 44: *Übersicht der Begriffe zur Echtheit eines Edelsteins.*

Zu erwähnen bleiben noch die zusammengefügten Steine. Als Komposite bezeichnet man (in der Regel geklebte) Steine, die nur zum Teil aus einem natürlichen bzw. naturbelassen Stück bestehen. Eingesetzt wird dieses Verfahren zur Materialersparnis bzw. Stabilisierung brüchiger Steine, manchmal auch zur Verbesserung der Optik. Beispielsweise werden dünne Opal-Plättchen zwischen Bergkristall (erhöht Härte und Bruchfestigkeit) und Onyx (verbessert Farbkontrast) eingebettet und wegen der

3 beteiligten Komponenten Triplette genannt. Sind nur 2 Komponenten beteiligt, so bezeichnet man dies als Dublette. Typischerweise besteht nur der obere Teil einer Dublette aus dem eigentlichen Edelstein, während der untere (in der Schmuckfassung befindliche und schlecht zugängliche) Teil aus einem minderwertigen Material besteht.

Schließlich gibt es noch das Pressen von Edelsteinen. Hierzu wird Pulver oder kleinkörniges Bruchmaterial (oft natürlicher Steine) zu einem größeren und kompakten Stein gepresst. Beispiele dafür sind Pressbernstein, Azurmalachit (mosaikartig aus Stückchen von Azurit und Malachit) oder Korallenimitationen aus Calcit-Pulver.

Varietätsbezeichnungen mit Tücken

Abschließend noch ein Wort zu irreleitenden Varietätsnamen, die dem Käufer gewisse Tatsachen verschleiern und einen höheren Wert vortäuschen sollen. Die meisten werden vom Handel vergeben, um das Geschäft zu fördern und bessere Preise zu erzielen. So sind Onyxmarmor und Chrysanthemenstein nur Kalksteine, der Smaragdit hat mit dem wertvollen Smaragd nichts gemeinsam außer der grünen Farbe. Manchmal sieht man im Handel Edelsteine, die aus der Bezeichnung eines höherwertigen Edelsteins gepaart mit einem Vorsatzwort bestehen. Beispielsweise ist der „Herkimer-Diamant" in Wirklichkeit ein Bergkristall mit einer speziellen Kristallform, der „Zitronenchrysopras" ein grünlich gelber Magnesit und der „Norwegische Jade" nur ein Serpentin. Des Weiteren werden einige sehr preiswerte Steine manchmal den Jaspisarten untergeschoben. „Dalmatinerjaspis" und „Regenwaldjaspis" sollten korrekterweise als Dalmatinerstein und Regenwaldstein bezeichnet werden, da in ihnen kein oder nur wenig Jaspis enthalten ist.

Schlussbemerkungen

Spätestens jetzt sind Sie am Zug, falls Sie nicht schon beim Lesen des Buches so ganz nebenbei ein paar für Sie passende Edelsteine entdeckt haben. Entscheiden Sie sich zunächst für einen Aspekt der Edelsteinanalyse und gehen dann die entsprechenden Kapitel durch bzw. nehmen den Anhang 2 zur Hilfe bei der Ermittlung einiger Eigenschaften. Schließlich können Sie das Ergebnis durch eigene Schmuckpräferenzen verfeinern.

Falls Sie die Mühe einer eigenen Analyse scheuen, können Sie diese von einem Berater durchführen lassen, der mineralogisch geschult ist. In einem persönlichen Gespräch können Sie zudem unterschiedliche Prioritäten setzen und Wünsche äußern, um zu einem für Sie besten Ergebnis zu kommen. So kann der Berater bei Ihren Persönlichkeitssteinen auch eine Rangfolge ermitteln, entweder bezüglich der Anzahl der Übereinstimmungen zu Ihrem Wesen bzw. in welchem Ausmaß eine bestimmte Eigenschaft in den Steinen vertreten ist. Die beratende Person sollte zudem neutral sein und alle Edelsteine gleichermaßen betrachten, die ganz preiswerten und die sehr wertvollen, die populären genauso wie die exotischen.

Wenn Sie aber entscheiden, die Analyse selbst durchzuführen, vernachlässigen Sie zunächst die Äußerlichkeiten; das Aussehen eines Edelsteins ist nur ein Merkmal von vielen. Konzentrieren Sie sich auf die inneren Werte. Denn Sie möchten bestimmt genauso wenig, dass Ihre Freunde Sie nur wegen Ihres guten Aussehens schätzen. Vielleicht werden Sie über die Identifizierung mit Ihren Persönlichkeitssteinen nach einer Weile auch zum Gefallen an ihnen finden. Außerdem gibt es Hunderte von Edelsteinen; in der Ergebnismenge, die Ihre Persönlichkeit widerspiegelt, dürften in den meisten Fällen ein paar Steine dabei sein, die auf Anhieb Ihrem Geschmack entsprechen.

Haben Sie nun viel Spaß bei der Ermittlung Ihrer gemmologischen „Spiegelbilder"! Erzielen Sie wichtige Erkenntnisse und gewinnen Lebensfreude mit Ihren auserwählten Edelsteinen!

Anhang

Anhang 1: Übersicht der Minerale/Mineralgruppen mit den dazugehörenden Edelsteinen und Varietäten.

Mineral(gruppe)	Mineral	Varietät
Amphibol (Ortho-)	Anthophyllit	
Amphibol (Klino-)	Aktinolith	Nephrit, Smaragdit
	Richterit	
	Riebeckit	Rhodusit
Andalusit		Chiastolith
Anhydrit		Angelit
Beryll		Aquamarin, Bixbit, Goldberyll, Goshenit, Heliodor, Morganit, Smaragd
Calcit		Kobaltcalcit, Manganocalcit, Orangencalcit
Chalkopyrit		Buntkupfer
Chlorit	Klinochlor	Seraphinit
Chrysoberyll		Alexandrit, Katzenauge
Cordierit		Iolith, Wassersaphir
Dolomit		Ivoryit
Epidot		Pistazit
Feldspat	Orthoklas	Amazonit, Mondstein, Sanidin
	Plagioklas	Labradorit, Sonnenstein, Spectrolith
Gips		Alabaster, Selenit
Granat	Almandin	
	Andradit	Demantoid, Topazolith
	Grossular	Hessonit, Tsavorit
	Melanit	
	Pyrop	Rhodolith
	Spessartin	Mandarin-Granat
	Uvarovit	
Korund		Padparadscha, Rubin, Saphir
Magnesit		Pinolith, Zitronenchrysopras
Olivin		Peridot (Chrysolith)
Opal		Andenopal, Boulderopal, Chloropal, Edelopal, Girasol, Hyalit, Hydrophan, Matrixopal, Moosopal, Prasopal, Sardopal
Pectolith		Larimar
Pyroxen (Ortho-)	Bronzit	
	Enstatit	
	Hypersthen	
Pyroxen (Klino-)	Diopsid	Chromdiopsid
	Jadeit	

Mineral(gruppe)	Mineral	Varietät
Quarz	Quarz i.e.S (grobkristallin)	Amethyst, Ametrin, Aventurin, Bergkristall, Binghamit, Citrin, Falkenauge, Morion, Prasiolith, Quarz-Katzenauge, Rauchquarz, Rosenquarz, Rutilquarz, Schneequarz, Tigerauge, Turmalinquarz
	Chalcedon (feinfaserig)	Achat (alle Arten), Baumstein, Chalcedon, Chrysopras, Karneol, Onyx, Pietersit, Sarder, Sardonyx
	Jaspis (feinkörnig)	Heliotrop, Holzstein, Jaspis (alle Arten), Mookait, Plasma
Serpentin	Antigorit Chrysotil Lizardit	Silberauge
Sillimanit		Fibrolith
Sodalith		Hackmanit
Spodumen		Hiddenit, Kunzit, Triphan
Turmalin	Dravit Elbait u.a. Schörl	Achroit, Indigolith, Rubellit, Siberit, Verdelith
Vesuvian		Californit
Zirkon		Hyazinth, Jargon
Zoisit		Tansanit, Thulit

Anhang 2: Übersicht der Edelsteine mit einigen relevanten Eigenschaften. Benutzte Abkürzungen:
Art: (M) Mineral, (F) Fossil, (GB) Gestein biogen-mineralisch, (GK) Gestein kalkig, (GO) Gestein organisch, (GS) Gestein silicatisch, (GX) Gestein sonstiger Zusammensetzung,
(KS) Kristallsystem: (am) amorph, (hex) hexagonal, (kub) kubisch, (mon) monoklin, (rho) rhombisch, (tet) tetragonal, (tri) trigonal, (tkl) triklin, (div) diverse;
(SZ) Symmetriezentrum; (OA) optische Achsen;
(ZG) Zentrierung des Kristallgitters: (P) primitiv, (I) innenzentriert, (E) einseitig flächenzentriert, (F) flächenzentriert;
(mLB) mittlere Lichtbrechung; (DB) durchschnittliche Doppelbrechung;
(BR) Bildungsraum: (mag) magmatisch, (sed) sedimentär, (met) metamorph, (hyd) hydrothermal, (ext) extraterrestrisch, (bio) biogen

Stein	Art	KS	SZ	OA	ZG	Härte	Dichte	mLB	DB	BR
Amblygonit	M	tkl	J	2	P	6	3,1	1,6	0,025	mag
Ammolith	GB	-	-	-	-	4	2,8			
Ammonit	F	-	-	-	-	3	2,7		>0,1	sed
Amphibol (Ortho-)	M	rho	J	2	P	5,5 – 6	2,9 – 3,5	1,65	0,02	
Amphibol (Klino-)	M	mon	J	2	E	5 – 6	2,9 – 3,5	1,65	0,02	
Andalusit	M	rho	J	2	P	6,5 – 7,5	3,15	1,64	0,01	met
Anhydrit	M	rho	J	2	E	3,5	3,0	1,58	0,04	sed
Anyolit	GS	-	-	-	-	6 – 7	3,0 – 3,5			met
Apatit	M	hex	J	1	P	5	3,2	1,63	0,005	
Apophyllit	M	tet	J	1	P	5	2,4	1,53	0,002	hyd
Aragonit	M	rho	J	2	P	3,5 – 4	3,0	1,61	0,15	sed
Astrophyllit	M	tkl	J	2	P	3 – 4	3,3 – 3,4	1,71	0,06	mag
Augendiorit	GS	-	-	-	-	6 – 7	3,0			mag
Axinit	M	tkl	J	2	P	6,5	3,3 – 3,5	1,67	0,01	met
Azurit	M	mon	J	2	P	3,5 – 4	3,8	1,77	0,11	sed
Azurmalachit	GX	-	J	2	P	3 – 4	3,5 – 4,0			sed
Baddeleyit	M	mon	J	2	P	6,5	5,7 – 5,9	2,18	0,07	
Baryt	M	rho	J	2	P	3,5	4,5	1,64	0,01	hyd
Belemnit	F	-	-	-	-	3	2,7			sed
Benitoit	M	hex	N	1	P	6	3,6	1,78	0,04	hyd
Bernstein	GO	am	-	-	-	2 – 2,5	1,1	1,54	-	sed
Beryll	M	hex	J	1	P	7,5 – 8	2,7 – 2,8	1,57	0,005	mag
Beryllonit	M	mon	J	2	P	5,5- 6	2,8	1,55	0,009	
Brasilianit	M	mon	J	2	P	5,5	3,0	1,61	0,02	mag
Calcit	M	tri	J	1	P	3	2,7	1,57	0,18	div

Stein	Art	KS	SZ	OA	ZG	Härte	Dichte	mLB	DB	BR
Cassiterit	M	tet	J	1	P	7	6,9	2,04	0,097	
Catlinit	GS	-	-	-	-	2 – 3	2,6 – 3,0			sed
Cerussit	M	rho	J	2	P	3,5	6,5	1,98	0,276	sed
Chalkopyrit	M	tet	N	1	I	4	4,2			hyd
Charoit	M	mon	J	2	P	5 – 6	2,5 – 2,7	1,55	0,008	
Chlorit	M	mon	J	2	E	2 – 3	2,6 – 2,7	1,58	div	
Chloromelanit	GS	-	-	-	-	6 – 7	3,1 – 3,3			met
Chrysanthemenst.	GK	-	-	-	-	3	2,7 – 3,0			sed
Chrysoberyll	M	rho	J	2	P	8,5	3,7	1,75	0,009	
Chrysokoll	M	rho	-	2	-	3 – 4	1,9 – 2,4	1,5	0,03	sed
Chytha	GS	-	-	-	-	2,5 – 4	2,5 – 2,8			met
Coelestin	M	rho	J	2	P	3,5	3,9	1,62	0,009	sed
Connemara	GX	-	-	-	-	3	2,6 – 2,8			met
Cordierit	M	rho	J	2	E	7	2,5 – 2,7	1,55	0,01	met
Covellin	M	hex	J	1	P	2	4,7	2,0	1,1	hyd
Cuprit	M	kub	J	-	P	3,5 – 4	6,1	2,85	-	sed
Dalmatinerstein	GS	-	-	-	-	6 – 7	2,7 – 2,9			mag
Danburit	M	rho	J	2	P	7	3,0	1,63	0,007	
Diamant	M	kub	J	-	F	10	3,5	2,42	-	mag
Diaspor	M	rho	J	2	P	6 – 7	3,4	1,71	0,04	
Dioptas	M	tri	J	1	P	5	3,3	1,67	0,05	
Dolomit	M	tri	J	1	P	4	2,9	1,59	0,18	
Dr.-Liesegang-St.	GS	-	-	-	-	5 – 6	2,7 – 3,0			
Dumortierit	M	rho	J	2	P	7 – 8	3,4	1,68	0,02	met
Eilatstein	GX	-	-	-	-	3 – 6	3 – 4			
Eklogit	GS	-	-	-	-	6 – 7	3,2 – 3,6			met
Eldarit	GS	-	-	-	-	5 – 6	2,7 – 3,0			mag
Epidot	M	mon	J	2	P	6	3,3 – 3,5	1,74	0,02	met
Eudialyt	M	tri	?	1	P	5 – 6	2,8 – 3,1	1,61	0,01	mag
Euklas	M	mon	J	2	P	7,5	3,0	1,66	0,02	
Feldspat	M	div	J	2	div	6	2,6 – 2,7	1,54	0,01	div
Feuerstein	GS	-	-	-	-	7	2,7			sed
Fluorit	M	kub	J	-	F	4	3,1 – 3,2	1,43	-	hyd
Fuchsit	M	mon	J	2	E	2,5 - 3	2,9	1,59	0,04	
Fulgurit	GS	am	-	-	-	6,5	2,5 – 2,7			

151

Stein	Art	KS	SZ	OA	ZG	Härte	Dichte	mLB	DB	BR
Gabbro	GS	-	-	-	-	5 - 6	ca. 3,0			mag
Gagat	GO	am	-	-	-	3 – 4	1,2 – 1,4	1,66	-	sed
Galaxyit	GS	-	-	-	-	6	2,8			
Gips	M	mon	J	2	E	2	2,2 – 2,4	1,52	0,01	sed
Granat	M	kub	J	-	I	6,5 – 7,5	3,4 – 4,3	1,8	-	met
Hämatit	M	tri	J	1	P	5 – 6	4,9 – 5,3	3,1	0,28	
Hauyn	M	kub	N	-	P	6	2,5	1,50	-	mag
Hemimorphit	M	rho	N	2	I	5	3,3 – 3,5	1,62	0,02	sed
Hilutit	GS	-	-	-	-	7	2,7 – 3,3			
Howlith	M	mon	J	2	P	3 – 4	2,58	1,59	0,02	
Jade	GS	-	-	-	-	6 – 7	2,8 – 3,4			met
Jeremejewit	M	hex	J	1	P	7 – 7,5	3,3	1,64	0,008	
Klinohumit	M	mon	J	2	P	6	3,2	1,64	0,03	
Klinoptilolith	M	mon	J	2	E	3,5 – 4	2,2	1,48	0,005	sed
Kopal	GO	am	-	-	-	2	1,1	1,53	-	sed
Koralle	GB	-	-	-	-	3	2,6 – 2,7			bio
Kornerupin	M	rho	J	2	E	6 - 7	3,3	1,67	0,015	met
Korund	M	tri	J	1	P	9	4,0	1,77	0,008	met
Kyanit (Disthen)	M	tkl	J	2	P	4,5 – 6,5	3,6	1,72	0,02	met
Landschaftsstein	GS	-	-	-	-	6 – 7	2,7			
Lapislazuli	GX	-	-	-	-	5 – 6	2,4 – 3,0			
Larvikit	GS	-	-	-	-	5 – 6	2,7 – 2,9			mag
Lasurit	M	kub	N	-	P	5,5	2,4	1,5	-	
Lava(-schlacke)	GS	-	-	-	-	5 – 6	< 2,6			mag
Lazulith	M	mon	J	2	P	5 – 6	3,1	1,63	0,03	
Leopardenstein	GS	-	-	-	-	5 – 7	2,6 – 2,8			
Lepidolith	M	mon	div	2	E	2,5	2,8 – 2,9	1,55	0,03	mag
Magnesit	M	tri	J	1	P	4	3,0	1,60	0,2	
Magnetit	M	kub	J	-	F	6	4,9 – 5,3			div
Malachit	M	mon	J	2	P	3,5 – 4	3,6 – 4,0	1,77	0,25	sed
Moissanit	M	hex	N	1	P	9,5	3,2	2,66	0,046	
Moldavit	GS	am	-	-	-	5,5	2,3 – 2,4	1,50	-	ext
Nunderit	GS	-	-	-	-	4 – 6	3,0 – 3,4			
Nuumit	GS	-	-	-	-	5 - 6	3,0			
Obsidian	GS	am	-	-	-	5 – 5,5	2,3 – 2,6	1,5	-	mag

Stein	Art	KS	SZ	OA	ZG	Härte	Dichte	mLB	DB	BR
Oktaedrit	GX	kub	J	-	div	4 – 5,5	7,5 – 8,5			ext
Onyxmarmor	GK	-	-	-	-	3 – 4	2,7 – 2,9			sed
Opal	M	am	-	-	-	5	2,0 – 2,5	1,4	-	sed
Orthoceras	F	-	-	-	-	3	2,7			sed
Pallasit	GX	-	-	-	-	4 – 7	> 3,5			ext
Pectolith	M	tkl	J	2	P	4,5 – 5	2,9	1,61	0,03	hyd
Peridot	M	rho	J	2	P	6,5 – 7	3,2 – 3,5	1,68	0,037	mag
Perle	GB	-	-	-	-	3 – 4	2,6 – 2,9			bio
Perlmutt	GB	-	-	-	-	3 – 4	2,6 – 2,9			bio
Petalit	M	mon	J	2	P	6	2,4	1,51	0,014	mag
Pezzottait	M	tri	N	1	P	8	2,9 – 3,1	1,61	0,009	
Phenakit	M	tri	J	1	P	7,5 – 8	3,0	1,66	0,015	
Phonolith	GS	-	-	-	-	5 – 6	2,7			mag
Phosphosiderit	M	mon	J	2	P	3,5 - 4	2,7	1,72	0,046	
Piemontit	M	mon	J	2	P	6	3,3 – 3,6	1,77	0,03	met
Porcellanit	GS	-	-	-	-					sed
Porfido verde	GS	-	-	-	-	5 – 6	2,7			mag
Prehnit	M	rho	N	2	P	6	2,9	1,64	0,025	
Psilomelan	M	div	-	-	div	5 – 6,5	4,1 – 4,7			
Purpurit	M	rho	J	2	P	4,5	3,2 – 3,4	1,88	0,07	
Pyrit	M	kub	J	-	P	6	5,0			div
Pyroxen (Ortho-)	M	rho	J	2	P	5 - 6	3,2 – 4,0			
Pyroxen (Klino-)	M	mon	J	2	E	6	3,2 – 3,6			
Quarz	M	tri	N	1	P	7	2,65	1,55	0,009	div
Rapakivi-Granit	GS	-	-	-	-	6 – 7	2,7 – 3,0			mag
Regenwaldstein	GS	-	-	-	-	5 - 7	2,7			mag
Rhodizit	M	kub	N	-	P	8,5	3,4	1,69	-	
Rhodochrosit	M	tri	J	1	P	3,5 – 4	3,6	1,71	0,21	
Rhodonit	M	tkl	J	2	P	6	3,4 – 3,7	1,73	0,01	met
Rubin-Fuchsit	GS	-	-	-	-	5 – 9	3,0 – 3,5			
Rutil	M	tet	J	1	P	6,5	4,3	2,71	0,287	
Sapphirin	M	div	J	2	P	7,5	3,4 – 3,6	1,72	0,005	met
Schalenblende	GX	-	N	-	-	4	3,8 – 4,5			hyd
Scheelit	M	tet	J	1	I	5	5,9 – 6,1	1,92	0,01	
Schlangenstein	GK	-	-	-	-	3	2,7			sed

Stein	Art	KS	SZ	OA	ZG	Härte	Dichte	mLB	DB	BR
Schriftgranit	GS	-	-	-	-	6 – 7	2,6 – 2,8			mag
Septarie	GK	-	-	-	-	3	2,7			sed
Serpentin	M	div	-	-	?	2,5 – 4	2,6	1,56	div	met
Serpentinit	GS	-	-	-	-	2,5 – 4	2,5 – 2,8			met
Shattuckit	M	rho	J	2	P	3,5	3,8	1,76	0,06	sed
Shungit	GO	am	-	-	-	3 – 4	1,8 – 2,0			sed
Sillimanit	M	rho	J	2	P	6 – 7	3,2	1,66	0,015	met
Sinhalit	M	rho	J	2	P	6,5 – 7	3,5	1,68	0,04	
Skapolith	M	tet	J	1	I	6	2,5 – 2,7	1,55	0,01	
Skolezit	M	mon	N	2	E	5	2,3	1,52	0,01	hyd
Smithsonit	M	tri	J	1	P	4,5	4,4	1,73	0,23	sed
Sodalith	M	kub	N	-	P	5,5	2,3	1,48	0,009	mag
Sonora Sunrise	GX	-	-	-	-	3 – 4	3,5 – 5,5			sed
Sphalerit	M	kub	N	-	F	4	3,9 – 4,2	2,37	-	hyd
Spinell	M	kub	J	-	F	8	3,6	1,73	-	met
Spodumen	M	mon	J	2	E	6,5	3,1	1,67	0,015	mag
Staurolith	M	mon	J	2	E	7	3,7	1,75	0,012	met
Stichtit	M	tri	J	1	P	2	2,2	1,53	0,025	
Stilbit	M	mon	J	2	E	3,5 – 4	2,2	1,50	0,01	hyd
Stromatolith	GB	-	-	-	-	3	2,7			sed
Sugilith	M	hex	J	1	P	6	2,7	1,61	0,003	
Taaffeit	M	hex	N	1	P	8	3,6	1,72	0,005	
Tektit	GS	am	-	-	-	5 – 6	2,3 – 2,6			ext
Thomsonit	M	rho	J	2	P	5	2,4	1,52	0,01	hyd
Tigereisen	GX	-	-	-	-	6 – 7	3,0 – 4,0			
Titanit	M	mon	J	2	P	5	3,5	1,95	0,12	
Topas	M	rho	J	2	P	8	3,5	1,62	0,01	
Trochit	GB	-	-	-	-	3	2,7			sed
Tsesit	GX	-	-	-	-	5	4 – 5			sed
Tugtupit	M	tet	N	1	I	4 – 5	2,4	1,50	0,006	
Türkis	M	tkl	J	2	P	5 – 6	2,6 – 2,9	1,63	0,04	sed
Turmalin	M	tri	N	1	P	7	2,9 – 3,2	1,64	0,02	mag
Ulexit	M	tkl	J	2	P	2,5	2,0	1,50	0,029	sed
Unakit	GS	-	-	-	-	6 – 7	2,8 – 3,2			met
Variscit	M	rho	J	2	P	4 – 5	2,6	1,58	0,03	

Stein	Art	KS	SZ	OA	ZG	Härte	Dichte	mLB	DB	BR
Verdit	GS	-	-	-	-	3 – 4	2,8 – 3,0			
Vesuvian	M	tet	J	1	P	6 – 7	3,3 – 3,5	1,71	0,006	
Wüstenglas	GS	am	-	-	-	6 - 7	2,2			ext
Zebramarmor	GK	-	-	-	-	3	2,7			met
Zinkit	M	hex	N	1	P	4,5	5,6	2,01	0,016	
Zirkon	M	tet	J	1	I	7,5	4,6	1,9	0,03	mag
Zoisit	M	rho	J	2	P	6,5	3,3	1,69	0,009	met

Anhang 3: Übersicht der Edelsteinfotos mit Seitenzahl.

Achat	105	Fluorit	59	Psilomelan	36
Amazonit	116	Friedensachat	36	Purpurit	73
Amethyst	86	Galaxyit	95	Pyrit	48
Ametrin	43	Granat	93	Rapakivi-Granit	95
Andalusit	66	Hauyn	34	Regenwaldstein	91
Andenopal	36	Holzstein	108	Rhodochrosit	78
Angelit	86	Howlith	105	Rhodolith	66
Anyolit	91	Iolith	66	Rhodonit	57
Apatit	52	Jade	118	Rhodusit	95
Apophyllit	86	Jaspis	78	Rosenquarz	86
Aquamarin	88	Kopal	102	Rubin	46, 88
Aragonit	70, 99	Koralle, fossil	108	Rubingneis	43
Astrophyllit	82	Kornerupin	59	Rubin-Fuchsit	91
Aventurin, rot	34	Kunzit	108	Sarder	34
Azurmalachit	78	Kyanit	82	Sardonyx	91
Baumstein	43	Labradorit	66	Schalenblende	73
Bergkristall	108	Landschaftsachat	110	Schlangenstein	41
Bernstein	66	Lapislazuli	57	Selenit	46
Black-Lace-Achat	43	Larimar	116	Seraphinit	70
Botswana-Achat	116	Larvikit	116	Sinhalit	52
Boulderopal	102	Lava	105	Sodalith	86
Bronzit	82	Lavendeljade	36	Sonnenstein	82
Calcit	70	Leopardenstein	108	Spinell	93
Chalcedon	41	Magnesit	57	Staurolith	99
Chalcopyrit	59	Mahagoniobsidian	102	Stichtit-Serpentinit	48
Charoit	116	Malachit	110	Stilbit	105
Chiastolith	82	Moldavit	113	Stromatolith	41
Chrysanthemenst.	88	Mookait	118	Sugilith	52
Chrysoberyll	46	Nephrit	52	Tektit	102
Chrysopal	66	Nunderit	91	Thulit	78
Chyta	70	Oktaedrit	113	Tigerauge	101
Citrin	34	Onyxmarmor	88	Turitella-Achat	108
Coelestin	86	Ozeanachat	41	Turmalinquarz	57
Connemara	118	Peridot	48	Ulexit	95
Cuprit	73	Phosphosiderit	95	Unakit	41
Dolomit	46	Picassojaspis	110	Variscit	48
Dr.-Liesegang-St.	41	Pietersit	116	Verdelith	34
Dumortierit	57	Pinolith	70	Vesuvian	70
Eklogit	95	Polychromjaspis	91	Wassersaphir	78
Eldarit	118	Popjaspis	110	Zebramarmor	78
Eudialyt	82	Porcellanit	113	Zinkit-Franklinit	73
Feueropal	34	Prasem	101	Zirkon	59
Feuerstein	113	Prehnit	57		

www.ingramcontent.com/pod-product-compliance
Lightning Source LLC
Chambersburg PA
CBHW070919180426
43192CB00038B/1890